人生100年 新時代の生き方論

浅見徹
ASAMI TOHRU

幻冬舎MC

人生１００年　新時代の生き方論

はじめに

昨今、人生100年時代の到来とか人生100年時代の生き方とかの情報があふれているが、いささか内容は曖昧模糊《あいまいもこ》としており明確さに欠けると感じていた。現在に生きている子供たち、サラリーマン、定年退職後の人たちは、平均寿命が急速に伸びている現状を見て人生は100年時代になっていくことは知っている。だが心のどこかには60歳から100歳までどう生きていくのか、どうなっていくのかというもやもやとした不安感を持っているように思える。人生100年時代の意味・意義が曖昧な感じがする。我々人類・ホモサピエンスの一生は、地球上に生存する他の哺乳類および数多の生命体と同様に、生まれて成長し子孫を育てて死んでいく、その生き方を忠実に歩んできたのだ。その期間はずっと50年以下であった。社会の仕組みもそれに合わせて作られていて、直近1947年頃まで我々は人生50年以下時代を生きてきたのだ。その現代での象徴が60歳定年退職である。60歳までは学習・労働・社会の仕組みは明確に作られているが、60歳から100歳までの生き方は、50年以下人生における人類および他生命体にとって必要はなく、なおかつ意味・意義もなかったのだ。ところが21世紀に生きている我々の前に突然60歳から100歳までの人生期間が現れたのだ。この期間の生きる意味・意義さらに言えば新しい社会の仕組みを考える必要性が出てきたのだ。現代の子供たち、サラリーマン、定年退職後の人たちの人生100年時代に対するもやもやとした不安感はこの不明確さに起因するように感じる。60歳からの人生を100歳までの馬なりの老後期間という発想はもう捨てるべきと思う。老後という表現ではなく新時代・第2の人生の到来ととらえ、その新時代の生き方を考えることが人生100年の生き方を考えることになるのだ。

第1章では人生100年時代を見据え、直面する課題を概観する。定年退職は人生最大の転機であり、それまでの転機とは性格・質ともにまるで違う。定年退職後の第2の人生には「あてがいぶちの器」は用意されていないのだ。まずこの大転機の認識をしっかり持つことがマインドセット（心構え）のスタートになる。またこの気づきから気持ちの切り替え、さらに行動変容につながる課題、プログラム、アルゴリズム

（論理的思考）について考えていく。

第2章では考え得る多様な対応へのアプローチを考察する。人生100年時代とりわけ第2の人生への問いには、「我々はいったい何者か？」「第2の人生で何をすべきか？」等の哲学的対応が必要になる。それをこの章では最新の宇宙物理理論から考察する。さらに第2の人生のキャリアの意味や生き方、より具体的に就職活動の秘訣にまで踏み込む。そして東洋哲学から学ぶ新時代の生き方のヒントを温故知新の発想でつかむ。

第3章では活動を明確化するためのアプローチを試みる。第2の人生の生き方には多様な活動があるが、ここでは著者の実体験も自己開示する。蹉跌《さてつ》の連続の事例が参考になるか分からないが、実体験を披露することにより著作物の信憑性につながると確信するからである。またあてがいぶちのない人類初めての新時代の考察および開拓には価値観という羅針盤が必須になる。最後に価値観の再構築を明確化するためのアプローチを考察する。

この著作は定年退職後の未来に漠然とした不安を抱えているサラリーマンの方た

ち、退職後の人生がはっきりしていない60歳以降の方たちにとって少しでも参考になり、これから120年時代を迎えるかもしれない子供たちにはロールモデルとしての先達《せんだつ》の背中を見せたい思いで創作した。少しでも思いが伝われば著者としてはこの上もない僥倖《ぎょうこう》だ。

目次

第1章
直面する課題の概略～人生１００年時代前夜

1．人類が初めて出会った人生100年時代

私は今年で74歳になる。同年代の友人と会うと、お互いに年をとったな、もう若くないなという話になることも少なくない。しかし一方では、人生100年時代だという広告や記事などもよく見かける。人生はいつまで続くのかは誰にも分からない。人生に必ず終わりがあることも知っている。だからこそこれからの人生をどのように考えて、どう生きるべきかを改めて考えてみたいと思う。

人生100年という期間は果たして長い期間であろうか？　この問いに対しては「決して長くはないが短くもない」が回答になろうか。現在考えられる最も大きなスケール、尺度、それは138億年前に誕生したこの宇宙である。すなわち宇宙的マクロスケールから見ると短い。しかし地球的ミクロスケールから見ると長い。

我々人間（20万年前に誕生したホモサピエンスの末裔）の生存期間を、宇宙的マクロスケールと地球的ミクロスケールと比較してみると下記の如くである。

ホモサピエンス20万年／宇宙　138億年＝0・0014％
ホモサピエンス20万年／地球　46億年＝0・0043％

こう見ると、100年時代の話は宇宙的地球的スケールでは、やはりある意味スケールが小さすぎる。

しかし、観点を変えて我々ホモサピエンス20万年の歴史から人生100年時代を見ると決して小さな現象ではなく、人類始まって以来の大きな画期的な時代なのだ。人生100年時代というエポックメイキングな現象は、我々ホモサピエンスがこの地球上に現れて以来100年の寿命を望める期間はたった0・003％に過ぎない事実の、初の体験者になっていることだ。この事実、この現象を認識することが人生100年時代の生き方を考える土台、拠り処に成り得る。この土台から発想し考えた暁には人生100年時代の基礎的なおかつ普遍的な新しい生き方、すなわちキャリアインフラが創造できるのではないか。

人生100年時代の新しいキャリアインフラを創る第一の発想転換は、定年退職以前を第1の人生、定年退職後を第2の人生と分けることだ。

第二は第2の人生の生き方を考えることだ。何故なら未知の世界だからだ。人生100年時代の生き方を考えることは第2の人生を徹底的に考えることによって意味あるものになる。第1の人生を生きている人々も第2の人生を歩んでいる人々（私も含まれる）を見て、人生100年時代の生き方を考えることができるからだ。

論証の根拠は、考えられる現在の最大スケールである論理的な宇宙物理理論だ。138億年のマクロスケール観だ。そうでないと実証性、信憑性がない。我々ホモサピエンスはあまたの思想、哲学、宗教を創ってきた。全て虚構だ。面白いけど実証できない。我々ホモサピエンスは面白いフィクション、物語を創る名人なのだ。想像、空想、架空、妄想、アルゴリズムなどを駆使するのが好きなのだ。そこでやはり信用できるのはマクロ観から創発される全体最適論だ。現代宇宙物理論で分かっているのは138億年のマクロスケールだ。このスケールは時間の話ではない、この宇宙では速度はあるが時間は存在していない。故に時間ではなくフェーズ、場面の話だ。この宇宙は１３８億年のスケールの無数のフェーズを、タペストリーつまり綴れ織りにしてきた。我々ホモサピエンスもこの地球上で20万年間、多種多様なフェーズを織ってきたのだ。故に我々現在のホモサピエンスは、人類生存上初めての、人生１００年時代の多種多彩な生き方のフェーズのタペストリーを鮮やかに織っていくのだ。

昨今、長寿命化に伴う人生１００年時代という言葉が世間をにぎわせている。確かに日本人をはじめ世界の平均寿命は延び、特に日本では急速化が激しい。日本人の平均寿命はいつ頃から50年以上に達したのであろうか？　意外と最近で１９４７年、昭和22年から平均寿命が50年になり、現在までまだ75年しかたっていないのである。これを私たちの祖先である現生人類ホモサピエンスの20万年前の誕生から平均寿命期間時間を比較してみると、平均寿命50年以上の期間の75年間は０･００３％であり、平均寿命50年以下の期間は99・９９７％になる。ということは、我々人間はほとんど50年以下の期間で活動し、生まれてから成長後結婚し、子供を作り、育て終わったら死去した人生であったのだ。そこに突然長寿化人生が現れ、それも短期間で急速に長くなり、人生100年時代と喧伝《けんでん》されているのである。まさに現代に生きる我々が人類史上初の経験をしているのだ。これほどの大転換期にたまたま我々の人生がでくわしたことは、私自身は非常に幸運なことと思っている。この状況において現出する課題はとにもかくにもこの「人類は長寿命化に慣れていない」ということであり、それは我々個人も社会も社会体制もである。

我々の直接的な祖先であるホモサピエンス＝人間はこの地球上に20万年前に出現した。その進化の過程で人間は1万2千年前に農業定住生活を、また18世紀には科学の著しい発展により産業革命を成し遂げ現代にいたっている。しかし人間は数々の発明、発見を成し遂げ、進歩をしてきたが、現代までほとんど人生50年以下の人生であった。我々は種族保存という大きな目的に沿って一つの意味のある、また意味の明快な人生を繰り返してきたのである。人生100年時代の生き方は、今まで我々は考える必要性および必然性はなかったのである。古今東西の哲学者、宗教家、歴史学者などが、成し遂げてきたことは全て「人生50年以下時代をいかに生きるか」の考察および人間の科学的発展分析である。全て人間の人生は50年間の一つの人生という発想である。人生１００年時代は50年の2倍なので人生は二つかも知れない。なおかつ第2の人生など今まで誰も考えていない、考える必要もない期間であったので誰にも分からないし、ロールモデルもなかなかいない。どう生きていくか分からないので迷うのである。

長寿命化の進行度があまりにも急激なため、現状では社会体制も確固たる制度が作られてはいない。人間の人生キャリアは元々生まれてから成長し仕事をし結婚をし子孫を育て上げる、ここまでの期間、現状で言えば定年退職60歳までの期間なのだ。それ以降の期間はなかったので社会体制もおのずからそれに対応するようには作られてはいなかった。また60年という期間においては、人々は経済成長に寄与し種族保存に貢献するというキャリアの目的もはっきりしている。当然、国家体制、国家政策もその60年期間に社会制度の投資をするのだ。また60歳以降の個々人も、どのようにキャリアを構築していったらいいのかが不明なのだ。哲学・古典・文学・宗教等を眺めると、あまたの人間の人生に言及する著作はある。しかし、それら賢人の言及は全て人生50年以下のものだ。無理もない。寿命が50年以下なので当然である。ということは文献を調べても人生100年時代の生き方の概念は存在しないのだ。そうしたら個々人に当たってみようと試みても60歳以降は人々の個人差が大きい、またマス、集団での多くのロールモデルが見えない。ということは、前例がない、メンターとの巡り合いが少ないということになる。

2. 定年退職後を老後と呼ぶ時代は終わった

人生100年時代の生き方を考えるにあたり、まず定年退職60歳の転機について記してみたい。私の退職は60歳誕生日の5ヶ月前なので厳密には59歳であった。退職するとこれで学生人生、就業人生が終わったのか、これから何をしようかという漠然とした思いが湧き起こってきた。退職日前日まで仕事に集中していたので60歳以降の活動は何も考えていなかった。ただ一つ自分の価値観に関しては50歳の頃から思索を続けていた。退職してから、この状態は何かに似ている、過去に一度経験しているような感覚に襲われた。それは20歳前後の学生時代に味わった青春の蹉跌であった。

学生時代はミストがかかり自分を見失い、自分の生き方、自分の仕事観、自分はいったい何者？　など様々なことが分からなくなった。キャリアビジョンが分からずそのロードマップも見えず、自分を見失った五里霧中状態、迷った青春の蹉跌であった。その原因としては「無から有は生じない」というそれまでの私の先入観、思い入れ・刷り込みがあった。その後「無から有は生じる」、無に見える真空状態にも電子・陽電子という素粒子は存在していることが分かったが、その当時は知らなかった。私は「無から有は生じない」という自分の勝手な非合理的信念（イラショナルビリーフ）に囚われていたのだ。非合理的信念の思い入れ、刷り込みに私は責任を押し付け、自分自身は動かなかった。行動不足、活動不足人間であったのだ。私はこの20歳前後に遭遇した青春の蹉跌の経験を、60歳前後の大転機に活かしてみたいしリベンジしてみたいと強く思った。「無から有は生じる」ので、何も取りえのない無の自分でも、それを信じて情報収集、メンター探し、ディベートの活動をしよう、無という言葉を何もない状態と決めつけないで無を未知と考えよう、未知という言葉なら、希望と好奇心が感じられると私は考えた。

定年退職時の転機は今までの転機とはまるで違い、人生のあるいは人間歴史上の初めての転機になる。人間は20万年前の誕生以来、人生の役割の意味は比較的はっきりしていた。何故かというと50年以下の寿命では子供を産み育てる種族保存行為と、寿命が一致していて、一つの人生だったからである。原始・古代時代は、男は外へ行き狩り、女は家にいて子育て、中近世以降は、男は百姓・職人、女は家庭で子育てと生まれた時からほぼやることは決まっていた。また労働活動をする場所、山とか畑とか工場、いわゆる「目に見える働き場＝器」がすでにある状態であったのだ。また親＝メンターが明確に子供に将来やる仕事を指示したので、ある意味子供は迷う必要がなかった。このように目に見える働く場所が、人生に生まれた時からある状態、器が備わっている状態、言い換えればそれは「あてがいぶちの人生」なのである。種族保存期間と寿命期間が一致している人生、なおかつ人生を生きる意味が明確な一つの人生、それを我々はつい最近まで、75年前まで生きてきたのである。それが突然もう一つの人生、第2の人生が現れた。60歳以降の第2の人生は当然、あてがいぶちの器は見えていない状態。国家、社会体制も第2の人生の人々に対しては、あてがいぶちの器の用意は間に合っていない、準備もしてはいない。

あてがいぶちの器の例を２つあげると、一つは「働きたい人は働ける制度づくり」だ。単なる定年後の再雇用制度あるいは定年延長ではない就業コンテンツが作れるか？　個人の能力に合わせたポジショニングを構築できるかどうか？　その中にキャリアパスを設定できるかどうか？　マネジメント業務を付与できるかどうか？　１００歳の部長、課長がいてもいいのではないか。国家、社会が用意する第１の人生の20歳前後の学卒者に対し、社会は新規一括方式の募集を用意しているが、第２の人生の60歳の求職者に対しての新規一括募集を私は知らない。二つ目は「働きたくない人は非労働活動で生きていける社会」だ。第２の人生に向けては様々な価値観があり、働きたくないことも一つの価値観である。

こう見てくると60歳以降の人生、つまり第２の人生は「途轍《とてつ》もない世界」ということになる。途轍もない世界とはかつて見たことも経験したこともないとんでもない世界という意味である。途轍の途とは道の跡のことである。轍は訓読みでワダチと読み車輪のことである。英語ではキャリアという。つまり「途轍もない世界」とはキャリアの形跡のない世界、すなわち、「あてがいぶちのない世界」ということになる。転機とは今の状態から次の状態に移る時点でありフェーズ（局面、場面）が変わる時期のことである。

我々には様々な人生の転機がある。高校・大学に入学したとき、学校を卒業後ある企業に入社したとき、結婚したとき、子供が誕生したときなどである。その中でも定年退職は人生最大の転機だ。定年退職の転機はそれまでの転機とは性格・質ともにまるで違う。それは第1の人生で遭遇した転機と比較をすると、既存のフェーズがあるかないかの差である。我々は入学も就職も自分の努力のみで達成したと思いがちだ。確かに個々人の努力もあるかもしれないが、学校や会社というものはすでにこの社会に存在していた。学校や会社の建物も見えていた、つまり固有の名詞、固有の不動産があったのだ。また学校や会社には多くの人間がいて、年代ごとの集団もマスとしてよく見えた。その集団の中には、あのような人になってみたいと思わせるロールモデルやメンターもいる確率が高かった。また彼らから情報も得られた。もうすでに移り変わる次のステージには器（建物、人間）が可視化され用意されていたのだ。言い換えれば「あてがいぶちのある世界」、であったのだ。

それが定年退職時の転機はそれまでの転機とはまるで違う状況になるのだ。まず定年退職者のための社会的器は必ずしも用意されていない。めでたく定年卒業した人たちを新規一括で採用する会社はない。現行の再雇用制度は新規一括集団雇用延長制度である。また定年退職後の人々がどのような仕事をしているのか年代毎の集団として見えないし、個人も見えない。すなわちロールモデルもメンターも探しにくく情報も得られにくい状況になっている。定年退職後の人生は、社会のあてがいぶちのない世界になるのだ。

さて定年後退職後の人生、あてがいぶちのない世界を考えるときに気になる単語がある。それは老後という言葉だ。まず赤ん坊が生まれた後の誕生後という期間はおそらく子供時代のことであろう。子供後は青年時代、青年後は中年時代、中年後は老年時代である。そうすると老年後を表す老後という期間は、死んでいる期間になってしまう。人生１００時代は60歳以降40年も第２の人生があるのだから、その期間を老後というと生きているのに死んでいる表現になり変である。ということは、老後という表現は寿命の短い人生50年以下時代にふさわしく、人生100年時代にはしっくり来ないと私は感じている。

3．退職したら新しい人生に飛び立つべし

リタイア（退職・引退）とは何か。人生50年以下時代では人生の意味＝種族保存期間と生命寿命期間が一致していたので、現役活動からの退職引退は、即あるいはほどなく、この世からの退出を意味していた。しかし人生100年時代ではそうはいかない。第2の人生が洋々と残されていて、ここから新たな別の現役活動が始まるわけで、消え去りも死去もお迎えもまだまだ来ない。60歳定年退職は人生100年時代においては誠に強制退出制度になってきたわけである。

ただこの60歳強制定年退職制度をどうとらえるかが重要になる。考えようによっては、これを人生100年時代のメルクマール＝指標と認識し、新たな全く別の第2の人生の始まり、リスタートのチャンスという考え方もできる。今までの定年退職者の

感想は「やっと40年間会社人生を勤め上げた。飛行機でいえば高度を徐々に下げてゆっくり穏やかに着陸するのだ」。定年退職後の生活・生き方は、今までお付き合いの少なかった地域社会という滑走路を目指してのソフトランディングのイメージである。しかしながら、第1の人生しかなかったときはこれでもよかったかもしれない。しかし第2の人生が待っている、人生１００年時代ではそうはいかないだろう。途轍もない世界、あてがいぶちのない世界へのデビューなのだ。確かに不安もあるかもしれない。迷いもあるかもしれない。ただ寿命が延びたことは、人間にとっては福音＝エヴァンゲリオン＝良い知らせであるはずだ。人間は古来、潜在的に、長生きあるいは不老長寿を求めて生活環境、医療福祉に努力を重ねてきた。人生１００年時代はその結果なのだ。第2の人生はその成果なのだ。考え方および行動を変えること、思考変容、行動変容によっては、希望に満ちた新しい人生でもあるのだ。そこに向かってのマインドセット、方向性のスタンスとしてはソフトランディングではなく、新たな第2の人生に向かっての飛翔＝テイクオフである。

それではテイクオフの準備はいつ頃から始めるのがよいのかと言うと、各個々人がその気になったときとなる。それは早いに越したことはないとは思う。私はキャリア系の講師としてよく企業を訪れる。40代、50代の現役社員の方たちは今そこにある課題に関心が行く。それはごく当たり前、当然のことである。しかし受講者の話や発言を聞いていると、思考の底辺には定年退職後の第2の人生に対する不確定感、不安が横たわっているように感じる。人生100年時代の第2の人生の「途轍もない世界」、「あてがいぶちのない世界」をなんとなく感じているようである。

私自身の第2の人生行動の準備、スタートは定年退職後から始めた。実感としては遅すぎるとは感じていない。50代までは必然的に現業ルーティンワークがあり、そこまでの準備活動ができなかった。ただ行った行動は二つである。一つは空手道場（極真空手）に入門し稽古を始めたことだ。理由としては、定年退職後確実に到来する第2の人生を展望した際に、まず必須条件は、強靭な肉体と精神力の獲得であると思い、肉体的にも精神的にもより自分に負荷をかけ、鍛えなおそうと決意した。二つ目は、「自分はいったい何者なのか？」「自分の求める価値観は？」このことをじっくり考えてみた。これだけである。

準備の時期、期間は各人、個人個人の状況および価値観により決めればよいことであるが、第2の人生に関するセミナー等気づきの情報収集はお勧めである。現行の60歳以降のシニアは「今までの経験を活かす」とか「自分のやり方に固執しない」とかステレオタイプな言及が多い。それもありかもしれないが、第2の人生へのテイクオフ、スタートアップには「過去の経験は捨てる」、「自分のやり方をブラッシュアップし固執する」などアグレッシブな向きあい方も必要になる。これからは年齢ではなく個人の資質・キャラクターが重要になる。今までの経験は使えるもの・いらないもの・ブラッシュアップの価値があるものに仕分けし、ファンダメンタルズ（※1）として活かすことが重要だ。

4．60歳以降の働き方を歴史学的に考える

「長寿命化に伴い人々は仕事を長くしなければならない時代になった」といわれるが、この表現は正しいのだろうか。仕事をするのは個人の価値観の問題である。「し

なければならない」という他者からの押し付けではないし、「しなければならない」という表現も受け身的である。長寿命化人生は、「個人が主体的なおかつ能動的に仕事＝活動＝キャリアを自ら考え実行していく時代」と表現するべきであろう。60歳以降第2の人生は組織を軸にしたキャリアではなく、なおかつ仕事を「やらねばならない」とか「やらされている」感覚ではなく、個を軸に活き活きと仕事をやっていく世界なのだ。

ここで長寿命化の歴史的意味を語る前にヘブライ大学歴史学部教授のユヴァル・ノア・ハラリ氏にご登場願おう。彼は人間（ホモサピエンス）の歴史的変遷を過去から将来まで四つのワードでエポックメイキングな事象を表現している。人間は20万年前にこの地球上に現れ、一つ目の劇的事象は7万年前の認知革命である。彼らは他の動物と同じように生活をしていた。つまり自然との共存である。ただ脳内に虚構という概念を確立し、意識の共有感を獲得し、集団力・群れ行動力を強化し〜これをアフリカサバンナ仕様（※2）と呼んでいる〜、ネアンデルタール人に勝利し生き残った。二つ目は1万2千年前の農業革命である。彼らはこの時点で定住安定生活を確立し、地球上最強の生き物になった。つまり神という虚構と人間の共存である。脳内は引き続きアフリカサバンナ仕様である。三つ目は18世紀の科学革命である。爆発的な科学の発明、進展が見られ産業革命を起こす。ここで人間は神を放棄し、人間至上主義〜ヒューマニズムを選択するようになる。人間を工場・会社に集中し集団力を強化した。これは現代も続行中である。脳内はアフリカサバンナ仕様。四つ目は将来で、アルゴリズム革命〜データ至上主義である。

このハラリ氏の歴史的分析に関して、私は人間（ホモサピエンス）の生命寿命という観点を導入してみたい。彼の分析を見ると三つ目まではほぼホモサピエンス人生が50年以下時代の事象である。人生１００年時代の事象は、現在初めて出現したわけで、これは人間ホモサピエンス20万年史上特出すべきエポックメイキングな事象なのである。したがって現代に生きている我々は将来のデータ至上主義社会に行く前に、ヒューマニズムが席巻する現代において、人生１００年時代長寿命化という概念で分析をする必要性が生じる。社会体制は急には変わらないので、第１の人生60歳定年まではアフリカサバンナ仕様で組織を軸にした生き方を継続していく。ところが第２の人生60歳定年退職以降は、ヒューマニズム人間至上主義内の、個を軸にした生き方を目指すべきではないか。人生100年時代第2の人生は21世紀に初めて現れた世界である。ここからは人類ホモサピエンスが始まって以来の初のアフリカサバンナ仕様からの脱却である。我々も社会も旧仕様の刷り込みを打破する。人生100年時代、とりわけ第2の人生の生き方は旧仕様の先入観を許さないであろう。新たな仕様の構築、個が輝く時代の到来なのである。長寿命化によってもたらされた現在の人生100年時代とは、次に来るかもしれないデータ至上主義・アルゴリズム時代との過渡期なのである。

5. 仕事が一人一人を輝かせる

何故人生100年時代とりわけ第2の人生の生き方が、個が輝く時代になるというのか？　その理由は、第2の人生を客観的に見れば、必然的に個が輝かざるを得ない世界であるからだ。また主観的能動的な活動および行動により、個が輝ける世界になり得るからだ。

しからば人生１００年時代の第1の人生において「組織を軸にした生き方」が、「個を軸にした生き方」に変われないか？　というと、私は当面変われないと考えている。理由は2つある。

1．現行の企業組織マネジメントが最良と考えられていること
2．現行の企業組織マネジメント変更には複合的改革が必須

1番目に関しては、現行の企業組織マネジメントのルーツは、官僚制にある。官僚制とは元来国家の組織原理を意味していたが、のちに資本主義の高度化に伴う大規模形式組織（企業、組合、学校等）の成立により、それらの組織原理や機構化をも意味するようになった。官僚制は組織と管理の時代と呼ばれる現代において、高度産業管理状況の重要な一環になっている。

ドイツの社会学者マックス・ウェーバー氏によれば、官僚制の特徴は、非人格的合

理的な規則の体系による支配と権限の原則にもとづく職務思考である。また頂点に立つ少数者に集中し掌握された政策決定権や命令権が、職位、機関を経て末端にまで貫徹する上下階層的な段階組織（ヒエラルキー）であると語っている。

このように官僚制組織は業務の正確さや迅速さなどのため、純粋技術的に見て優秀である。また近代資本主義的な経済取引が行政に対する要求を高度に満たすが故に行政組織はもちろんのこと企業等あらゆる領域で官僚制が主要な支配形式になっている。

しかしながらこの盤石に見える最強の官僚制、企業組織も弱点がないわけではない。一言でいえばマンネリ化である。例えば①規則や権限の順守が自己目的化して、最も能率的であるはずの組織が非能率的な組織に転化②能率の論理に圧殺される人間関係のゆがみ③権力手段としての制度と人間の自由の問題等が懸念材料である。

また常に、いつの時代も、企業、組織体は最も利益の出せる組織を希求する。当然ながら利益の出せる人材を欲する。仕事のできる人を求める。では仕事のできる人とはどのような人物であろうか？　それは職務能力と職業能力のバランスが取れている人材になる。職務能力はスキル、職業能力とは立ち居振る舞い、人間性である。要は、組織に入って、利益が出せ人間関係もうまくやれる人の意味である。私は仕事のできる人、エンプロイアビリティ（※3）の高い人の表現として、「プレイングマネージャー」というワードが適切と思っている。プレイングはスキルだが、マネージャーは自己マネージメント、自己コントロール、自己制御の出来る人の意である。

頑健な官僚制をルーツにもつ企業組織は人事管理の方向性として、コスト削減理由による標準化を希求する。それは時代、社会変遷に対しての組織の非柔軟化を招くが、すぐには変わらない。しかしながら、突然現れたこの人生１００年時代のあまたの環境変化にいずれ変わらざるを得ないと感じている。

２番目に関しては、企業努力だけでは組織を軸にした生き方を変えるのは難しい。一つ目の課題は企業に入る前の教育機関の問題である。現行の教育機関は「人類の知見の伝達」教育のみに終始し、あまりにも保守的である。卒業後の就業につながる個々人のキャリア開発教育をもっと充実させるべきだ。キャリアとは個々人の職業を含むこれからの活動計画である。開発とはデベロップメント、潜在的には自分の中に持っているが漠然としている将来の活動イメージ、それを顕在化させることである。この卒業後の自分の活動計画を、多様な、学際的な見地から具体的にはっきりさせる教育の実行が期待される。例えば実践的な専門教育である。創造力強化教育、オリジナリティ強化教育、ヒューマニティ強化教育、ディベート教育、新テクノロジー教育などである。このキャリア開発教育の学習プログラムの猛勉強を通して「自分はいったい何者か?」「自分はいったい何をしたいのか?」など、いわゆる個々人のアイデンティティが確立される。なおかつ自己認識も明確になってくる。こういう状態で学校を卒業して企業に入社後、企業側とも連動し、「キャリア自律」、「個を軸にしたキャリア」という話になるのではないか。

二つ目の課題は国家体制、政府政策の問題である。企業の課題、教育機関の課題と複合的課題は多いが、環境整備をするのは政府の役割だ。例えば教育制度、雇用流動化政策などだ。他に、法制度、税制度、社会保障制度などの再設計が必須になる。ところが長寿命化による社会変化の進行度があまりにも急激なため、現状では社会体制も確固たる制度が作られてはいない。以上から、教育機関も企業も、政府も、人生

１００年時代のキャリア改革に向けての意識はあるかもしれないが、具体的には遅々として進まないであろう。社会はすぐには変われないのだ。

第１の人生のキャリアは組織を軸にした生き方であった。すなわち誰もがあてがいぶちのある世界なおかつ途轍もある世界でキャリアを重ねてきた。しかし第２の人生は、あてがいぶちのない世界、途轍もない世界なので、組織を軸にした生き方はなくなり、個を中心とした生き方に変わり、個が輝く時代になり得るのだ。定年退職時、これからも続いていく人生１００年時代を思い浮かべた際に、三つの不安要素に苛まれる。経済的に大丈夫だろうか？　病気にならないか？　健康は維持できるだろうか？　毎日何をしたらよいのだろうか？　やることはあるのだろうか？　そしてこの3要素は自分のことだけにはとどまらない。住宅費あるいは住居維持費、生活費、家族の病気や介護問題、家族・友人との交流、あるいは余暇活動など、個々人が持っている、または付随している環境により、経済面、健康面、活動面（仕事活動と余暇活動）の3不安は拡大していくのだ。

ただよく考えるとこの不安感は、100歳まで何も活動しない、なおかつ今の自分を取り巻いている社会状況、社会環境、自分環境などがそのまま変化せずに続くと考えているからではないか。確かにじっとしていたら資産は確実に減る（年金はあるが）。加齢とともに筋肉等が落ち肉体は衰えて弱くなり肉体的健康は喪失する。活動しなければ人との交流もなくなり、社会的・精神的健康も喪失する。

しかしながら、この三つの不安要素、お金の不安、健康の不安、何をしたらいいのかの活動の不安を一気に解決できる方策があるのだ。それは活動ゾーンの一角を担う労働活動である。第2の人生も、労働活動をキャリアの真ん中に置けば全てが好循環に動き始める。まず労働を始めたら健康が手に入る。通勤のウォーキング・有酸素運動、仕事中の身体のこなしなど、結構、労働は無意識に体を使い健康増進に寄与しているのだ。また労働を通しての対人交流や、頭脳を回転させることによって、社会的健康、精神的健康も得られる。さらにいくばくかの金銭も入り、生活費の潤いはもちろん余暇活動を通した自己実現のための費用も確保できる。

6. 第2の人生こそ、人間力が問われる

スコットランドエジンバラの発明家アレキサンダー・グラハム・ベル氏の言葉だ。

「一つのドアが閉まると、もう一つのドアが開く。しかし、我々は閉まったドアをずっと長い間、とても残念な気持ちで見続けることが多く、我々のために開いたドアに気づかない」

When one door closes, another opens; but we often look so long and so regretfully upon the closed door that we do not see the one which has opened for us.

個が輝く、個を中心とした第2の人生、労働キャリアは文字通りあてがいぶちのない社会体制の中で活動をすることになる。このあてがいぶちのない社会体制は当分続くと考えた方がよい。また第2の人生の労働キャリアにはいくつかの特徴がある。例えば、身分、ステータス、雇用形態は非正規労働者になる。これは雇用期限付きの契約であり、契約社員、嘱託社員、派遣社員、パート社員などと呼ばれている。さらに個人の独立色の意味合いの強い、フリーランス、完全独立の起業、自営などがある。私の第2の人生の労働形態は、フリーランスと契約社員の二つであり、いわゆるポートフォリオワーカー（※4）である。

また第2の人生の労働キャリアの年齢に関しては、ますます個人の労働に対する状態次第になっていく。まず60歳以上の人間は全ての面において個人差が激しい。ばらつきが多い。同年齢でも個人差が大きく、例えば20歳の人間のトレンド、傾向は集団・マスで見てある程度分かるが、60歳の人間は集団・マスで見てもばらつきが多く、あまり分からない。とはいっても企業サイドの60代以上の雇用条件として、健康度、身体のスピード感、頭脳回転等などは求めていく。働く人間は年齢に関係なく全員現役労働者だからだ。また労働キャリアに対する個々人の価値観もばらつきが大きい。こういった意味でも雇用する企業側も、個人次第で選考していく。すなわち集団・マスで採用する、新規一括採用は今のところ60歳以降では存在しないのだ。

また第2の人生の主たる非正規労働は、スキル中心の有期雇用契約なので、第1の人生の主たる正規労働とは違い、キャリアパスもないし、マネジメント要件も通常付与されない。これらの特徴があるからこそ、個を軸にしたキャリア、より個が輝く生き方ができるのだと、前向きに意識することは、あてがいぶちのない世界、途轍もない世界の労働キャリアを考えていく際の重要なマインドセット（心構え）になる。

また第2の人生の非正規労働という形態は第1の人生の主流である正規雇用とは違ったメリットもあるのだ。まず職務が明確で、ジョブディスクリプション（職務記述書）があり、いわゆる職務固定型のジョブ型雇用（※5）である。

私の経験では、第2の人生での労働キャリア遂行には非常に重要なスタンス、マインドセットがあるように思える。それは一言で言えば「プレイングマネージャー」というワードである。プレイングとは職務能力があり、期待役割が果たせる人、マネージャーとは職業能力があり、立ち居振る舞いがうまくできる人、という意味である。すなわち、実務能力があり、自己マネージメントができる人、このバランスがある人ということになる。このマネージャーの意味は他人を管理することではなく、自分を管理、文字通りキャリア自律するという心構えであり、非常に重要になる。第2の人生の労働キャリアは第1の人生の労働環境よりも、より交流の年齢の幅が広くなり、多種多様な年齢のキャラクターの中での仕事になる。その中での、企業側から期待される労務キャリアの役割、ミッションに関しては、企業にとって如何に利益が出せるかのスキルと、企業にとって如何に自己マネージメントの効いた立ち居振る舞いができるか、すなわち如何に企業に対してプレイングマネージャーになれるかということが喫緊に問われるのである。

ここまで人生100年時代の第2の人生の個が輝く時代において、その真ん中に位置付けるフェーズは、働くことであると言及してきた。では第2の人生で就業を獲得する方法、プロセス、法則、プログラム等はどのようなものか？　プログラムは下記の如くである。

1. 学際的（※6）継続学習
2. 交流、ディスカッション、ディベートスピリット
3. イノベーション、新人脈
4. 就業、労務キャリア

歴史を紐解いて我々ホモサピエンスの学習の仕方を調べてみると、まずご先祖様たちは20万年前から自分たちの子孫、子供たちに弓矢の創り方、種の蒔き方、水のやり方などを教えてきた。いわゆる技術の伝承である。これは現代でも6歳の子供から学校の授業で知見の伝承として実践されている。生きていくため、自己の人生を充実させるために、何も知らないで誕生してくる我々人間は、親、周囲の人たち、教育機関、先人の知見、いわゆる知識のインプット、受け売りにより、自分のFrame of Reference（価値判断や行動の枠組み）が拡がり、自己のオリジナリティあふれる知見が確立される。この世に誕生した人間の子供は、この受けを継続しながら、その過

程で様々な好奇心が生まれ、また学習し、また知見が増え、さらに好奇心が生じ継続学習になっていく。知見で満杯になった人間頭脳はアウトプットを欲し、他者との交流を求める。そこでディベートスピリットあふれるディスカッションを通して、ある時はイノベーション、ヒューマンネットワークが生まれ、一気に就業活動に入り、ある時は自分の無知に気づき、再度インプットに邁進する。ある意味このディベートスピリットあふれる交流の場は、「自分が如何に無知か？」を知るための場、フェーズなのである。

ポイントは、この「受け売り」というワードである。英語ではSecondhand opinionというが、主語はいったい誰か？　主語はこの思考を語った人だ。つまり主語は他者だ。私の言いたいのは、主語を自分にすることである。受け、インプットは素晴らしい。ただそのままではなく、あまたの受け、知見を自己吟味してなおかつ刷り込みの打破をする。さらにその受けを土台にして自分のオリジナル発想を創る。そこで売る。アウトプットする。たぶんソクラテス、プラトン、アリストテレス、セネカ、カント、ヘーゲル、シッダルダ（釈迦）、ヨショア（キリスト）、ムハンマド、孔子、老子など、人類の賢者各氏も先人の知見を受けて、インプット、自己吟味をし、ディスカッションの交流につなげその暁にイノベーションが生じあのあまたの素晴らしい創発を実現したのだ。

インプットと刷り込みは表裏一体だが果敢に自己吟味をすべきだ。受け売り行為を恐れる必要はない。受け売りを通しての試行錯誤こそが新発想のインキュベーションであり、イノベーションの母なのである。多くの先達の知見を利用する。受け売りの誹謗中傷を恐れない。これが大事だ。現代のホモサピエンスの末裔である私も、その膨大な知見を最大限使う喜びにあふれている。先達の知見を土台に自分の発想、考えを十分に研究したらそれは受け売りではなく、ホモサピエンスの知の蓄積の上に立脚したオリジナリティになるのだ。敬愛する先達のホモサピエンス賢者の方々もそれを間違いなく望んでいる。なにしろ人生１００年時代といっても１３８億年のマクロフェーズ、全体最適観から見たらあまりにも短期間だ。この期間限定の我々の世界は効率よく受け売りからオリジナリティ創発に向かうことを我々に望んでいる。

第２の人生における重要な行動の一つである「交流」のフェーズは、職業キャリアグループ、余暇キャリアグループなどの、集まるメンバーのキャラクターにより多種多彩なパターンがある。しかしながら私の経験から言っても、全ての交流パターンに共通の必須ポイントがある。それはユーモアである。ウイットに富み、的を射た、タイムリーで知的なユーモアは、いかなる交流フェーズにおいても、場を和ませ、活気づけ、全ての参加したホモサピエンスの末裔の方々の表情を緩ませる。私が交流フェーズで会った数々の友人のなかで、ユーモア心を持ちながらなおかつ交流を進められる人は、ヒューマンネットワーク、新しい人脈を創れ、その先に確実に新しい職業に就いている人が多いという印象である。

次に個が輝く第2の人生の特徴、あるいは第1の人生との違いとはどのようなものであろうか。まず第2の人生の主人公は自分自身になるしかない。何故ならば途轍もない世界、あてがいぶちのない世界では自分自身で価値観という羅針盤を携えてリスタートし、道なき道を前に進むしかないからだ。いわゆるキャリアの所有者は自分、故にキャリアオーナーシップにマインドセットをし、主体者は、今までの他者組織から生まれて初めて自分個人に変わるのだ。また第1の人生のコアな価値観としては、必然的に昇進、権力への執着であったが、第2の人生の価値観としては、自分の自由および自己成長へと指向が変化する。また、第1の人生の労務キャリアの結果報酬、および成果については、地位、給料への要望が主だった。しかしながら第2の人生の労務キャリアでは、内的キャリアの心理的成功への希求に変化する。内的キャリアの心理的成功とは、自分の価値観で活動したプロセスおよび結果に関して納得している感覚、すなわち納得感が得られたか否かが、内的キャリアの心理的成功を決定づけ、なおかつ意味づけできるということである。第1の人生の労務キャリアのスタンス・姿勢に関しては、組織へのコミットメント（誓約）であったが、第2の人生の労務キャリアは、専門性へのコミットメントに変わっていく。またアイデンティティに関しては、第1の人生の労務キャリアでは、「組織から尊敬されているか？（他人からの尊重）」、「自分は何をすべきか？（組織認識）」、ということにアイデンティティを位置づけるが、第2の人生の労務キャリアでは、「自分を尊敬できるか？（自尊）」、「自分は何をしたいか？（自己認識）」ということにアイデンティティを位置づけるのである。またアダプタビリティ（※7）に関しては、第1の人生の労務キャリアでは、

「組織に関する柔軟性（組織内での生き残り）」への意識が特徴づけられるが、第2の人生の労務キャリアでは「仕事に関する柔軟性や適応力」、「自分の市場価値はいくばくか？」ということに関心が変わっていく。

また、従来の定年退職後のキャリアビジョンにおいて、交流に関しては、ほぼ同世代の年齢の人たちだけとの付き合いであった。これからの長寿命時代は、従来の同一世代間のみの交流が崩れ、異世代間交流をも巻き込んだ多様世代間交流の時代に変わる。さらに、単純な同一世代のみの交流時代には、発生しがちであった異世代間の意思の不疎通が是正される。それ故に同世代一斉行進的な集団から抜け出し、自分自身、つまり個を重視する考えに切り替える思考が必要になってくる。年齢がどうだ、ではなく、個人のキャラクターがどうなのかが、問われる時代になるのである。例えば非常に著名な人を紹介されたとする。そのときもその著名人の人物評価は他者、周囲の情報からではなく、個が輝く時代の自分自身で下すのだ。さらに、いくら素晴らしい本を読んだり勉強をしても、個人により理解度、表現度は異なり全く別物の現象が現出し得るのである。1世紀近く前に、すでにアルバート・アインシュタイン氏が言っている。「優れた科学を生み出すのは〈知性〉と多くの人は言う。彼らは間違っている。それは、〈人となり〉である」。長寿命化社会は個人の人間力が輝く時代なのである。

注釈

※１　個人の活動・キャリア発展のための基礎的基盤・要素のこと
※２　アフリカサバンナで生き延び繁殖に適した行動仕様。これは都会のジャングルで暮らすようになった現在も大きな変化はしていない
※３　雇用され得る価値ある能力や資質のこと
※４　複数の仕事をしている人のこと
※５　職務が明確で、ジョブディスクリプション（職務記述書）があり、いわゆる職務固定型雇用のこと。
※６　異なる学問領域を超えて幅広く学ぶこと
※７　時代背景などの環境変化に合わせて適応できる能力のこと

第1章の要約

1．定年退職以前は第1の人生、定年退職後は第2の人生
100年時代の生き方を考えることは第2の人生を徹底的に考えること

2．第2の人生ではあてがいぶちの器は用意されていない
定年退職の転機は、それまでの転機とは性格・質ともにまるで違う

3．第2の人生の準備の時期は、個人個人の状況と価値観で決める
あえて過去の経験や実績は捨ててみる

4．「やらねばならない」や「やらされている」感覚からの脱却を
定年退職以降は、個を軸にした生き方を目指すべき

5．自己コントロール、自己制御のできる人になるべし
労働で、お金、健康、活動の不安を一気に解決できる

6．知的でユーモアがある友人たちとの交流を
第２の人生の主人公は自分自身

第2章
考え得る多様な対応へのアプローチ

1．人間は粒子の集まり

人は人生で一体何をすべきか？　はたまた人間とはいったい何者であるか？　生命とは何か？　人生如何に行くべきか？　など、古来あまたのホモサピエンス、哲学者や宗教家等が莫大な時間を費やして考えてきた。それも全て人生50年以下の寿命期間の考察であり、さらにこういった問題、課題、イシューは形而上学的テーマであり、哲学分野のアプローチにならざるを得なかった。

我々人間はどこから誕生したかは明白である。この宇宙は約１３８億年前に無と思われる極小点（実際には特異点＝シンギュラリティの前はよく分かっていない）から誕生した。急速に拡大したインフレーションの中で粒子が集まり星になり、銀河が生まれその先に約46億年前に地球が形成された。その地球上で我々人間も誕生した。すべて宇宙の粒子のなせる業なのである。

それでは粒子の集まりである我々人間について本質的な証明をするためにはどうし

たらいいのであろうか。必要なのは、何か途轍もなく大きな生命のゆりかごである宇宙理論からのアプローチと宇宙物理学からの考察だ。直近の宇宙物理学の観測による発見、数学理論による進展はすさまじいものがある。もともと人間とは何か？　人生とは何か？　という問題は形而上学イシューで哲学的アプローチであった。それを私は宇宙物理学アプローチから考察してみたい。

考えたいのは次の5項目である。

1　我々はいったい何者か？
2　生命とは何か？　人間とは何か？
3　人生100年時代の第2の人生で何をなすべきか？　何をするか？
4　人生100年時代の第2の人生でどのような技能を必要とするか？
5　人生100年時代の第2の人生の意味・意義について何が言えるか？

まずアルバート・アインシュタイン氏にご登場いただく。

彼が１９０５年9月に著した著名な論文「特殊相対性理論」のなかにこれまた有名な方程式がある。Ｅ＝ＭＣ２乗である。Ｅはエネルギー（energy）、Ｍは質量（mass）、Ｃは光速（celeritas）で速度は30万㎞／秒である。

彼が示した「Ｅ＝ＭＣ２乗」。この式には「エネルギー」、「質量」，そして「光速」という三つの量が登場する。これらは物理学のなかでも、極めて基本的で、重要な量である。壁に向かって思い切り石を投げれば壁をへこませることもある。窓に当たれば窓ガラスを割ってしまうかもしれない。投げた石には「エネルギー」が宿っているのだ。大きくて重い冷蔵庫を運ぶのは大変だが、小さくて軽い携帯電話を持ち運ぶのは何でもないだろう。冷蔵庫は携帯電話に比べて質量が大きいことを示している。光は１秒間におよそ30万キロメートルもの距離を進む。「光速」は宇宙の最高速度なのだ。どんなに努力しようとも何物も光より早く進むことはできない。彼の手によってこれら三つの量が結び付き、Ｅ＝ＭＣ２乗すなわち「質量に光速の２乗を掛けたものはエネルギーに等しい」という驚くべき真実が明らかになった。

質量とエネルギーの等価性は「宇宙に始まりがあるのならどうやって無から有が生

じたのか?」という或る意味哲学的な問題にも一つの解答を与えることになった。宇宙の全ての重力のエネルギー（位置エネルギー）を合計するとマイナスになるため、宇宙に存在する物質の質量と合わせれば宇宙のエネルギーはゼロになるというのが、解答である。あまりに意外な結論に当のアインシュタイン氏も初めは半信半疑だったようだ。しかし後年の講演では自信に満ちた口調でこう述べている。Ｅ＝ＭＣ２乗という式はごくわずかな質量が極めて大きな量のエネルギーに変換され得ること、あるいはその逆を示しています。この式によれば質量とエネルギーは実はどちらも同じものだったのです」

　ここでまず第１番目の「我々はいったい何者か?」について考えてみたい。先述の通り、Ｅ＝ＭＣ２乗のＥとはenergyで、エネルギー＝活動＝キャリアと解釈できる。またＭとはmassで、質量＝粒子の集合物＝星＝鉱物＝生命体＝人間と解釈できる。Ｃはceleritasで光速を意味し、換算係数、特定数である。ということは活動＝人間×換算係数となり、この大宇宙にある全ての粒子の集合体であるもの（当然その中の一部である我々人間も）は活動することと同じ意味になる。ただ厳密に言えば我々が知っている粒子は全宇宙の5％である。残りの25％の暗黒物質（ダークマター）と70％を占める暗黒エネルギー（ダークエネルギー）については不明である。そこで現段階での第1番目の「我々はいったい何者か?」の私の理解は、「宇宙にある全ての物・者は活動する物・者であり、我々人間（mass）の存在とは、活動（energy）のことである」となる。人間が消えれば活動も消える。逆も成り立つわけで、活動がゼロの状態は、人間自体もゼロの状態であることをE＝MC2乗は示しているのだ。

次に2番目の「生命とは何か? 人間とは何か?」を考えてみたい。

ここではマサチューセッツ工科大学（MIT）理論物理学の教授マックス・テグマーク氏にご登場いただく。以下、彼の著作『LIFE3.0』からの要約である。

「目標の究極の起源を物理学的に探っていこう。一見したところ何の目標も持たずに跳ね回る素粒子の集団に過ぎなかった初期宇宙の物理から、どの様にして目標指向的な振る舞いが出現したのだろうか。目標指向的な振る舞いの究極の根源は物理法則そのものに見出すことができ、生命が関係していない単純なプロセスにもそれが現れている。これを物理学ではフェルマーの原理（1662年）といい、光線の振る舞いを予測する数ある方法の一つとなっている。

自然は何かを行うために選ぶことのできるあらゆる方法の中から一般的には何らかの量が最小化または最大化されるような最適な方法を選ぶ。全ての物理法則は、過去が未来を決定するという形で表現できると同時に、自然が何かを最適化するという形で表現することもでき、この二通りの方法は数学的に同等である。二つ目の方法は数学的内容が難しくなるので物理学の入門過程で教えられることは普通ないが、前者よりも簡潔だし奥深い。人間が何らかのもの（資産・幸福等）を最適化しようとしていたらそれを追求する営みは目標指向的であるととらえるのが自然であろう。したがって自然そのものが何かを最適化しようとしているのであれば、目標指向的な振る舞いが出現することには何の不思議もない。物理法則そのものに最初から組み込まれているのだ。

自然が最大化しようとする量としてよく知られたものの一つがエントロピー、つまり大雑把に言うと物事の散らかり具合である。熱力学の第２法則によると、エントロピーは増大していって最終的には取り得る最大値に達する。さしあたりの重力の効果を無視すると、その最も散らかった最終状態、いわゆる『熱的死』はあらゆるものが完全に均等に散らばって複雑な構造も生命も存在せず変化も起こらない状態に対応する。熱的死（最後には必然的に宇宙全体が静止して死んだ状態になる。自然の長期的な目標が死と破壊を最大限まで増やすこと）これはかなり落ち込む結果だ。だが最近のいくつかの発見によってそこまで悪いことではないと分かってきた。

第1に重力は他のどんな力とも違う振る舞いをして、この宇宙を一様で退屈ではなくもっとあちこちに塊のある興味深いものにしようとする。その証拠にほぼ完全に一様だった退屈な初期宇宙は、重力によって、銀河や恒星や惑星に満ちあふれた今日の美しいほどに複雑な宇宙へと変わった。そして今では重力のおかげで高温と低温が組み合わさって幅広い範囲の温度が実現し生命が繁栄することができる。我々が住んでいる心地よい暖かさの惑星は、摂氏6000度という太陽熱を吸収しながら、絶対温度わずか3度という極寒の宇宙空間に廃熱を放射している。

第2にマサチューセッツ工科大学（ＭＩＴ）生物物理学者のジェレミー・イングランドによると、熱力学は熱的死よりも目を引くような目標を自然界に提供するというのだ。その目標は『散逸駆動適応』という専門的な名前で呼ばれている。簡潔に言うと、粒子のランダムな集団がおのずから組織的な構造を作って、周囲からできる限り効率的にエネルギーを引き出すという意味である（散逸とはエントロピーを増大させること。ふつうは有用なエネルギーを熱に変え、その過程で有用な仕事を行う）。例えばある種の分子の集合体を太陽光にさらしておくと、徐々に整列して太陽光の吸収能が上がっていく。つまり自然は、より生命に似た複雑な自己組織系を次々に作っていくという目標をもとから持っているらしく、その目標は物理法則そのものに組み込まれているのだ。生命を目指すというこの宇宙的原動力と、熱的死へ向かうという原動力とは、どうしたら両立できるか。その答えは、量子力学を確立した一人であるエルヴィン・シュレディンガーが1944年に書いた『生命とは何か』から得ることができる。生命系の証しは周囲のエントロピーを増大させることで自身のエントロピーを一定に保つ、または減少させることであると、シュレディンガーは指摘した。つまり熱力学の第2法則には生命という抜け穴があって、全体のエントロピーは必ず増大させる決まりだが、ある場所のエントロピーが減少するとともに、それ以外の場所のエントロピーがそれよりも多く増大することはあり得る。生命は周囲をもっと散らかすことで、自身の複雑さを維持または増大させているのだ。」

この宇宙物理学、熱力学第2法則エントロピーの言及からは2つの重要なキーワードが見て取れる。一つは「目標指向的」であり、二つ目は「散逸駆動適応」である。考えられる最大のマクロ観は138億年の宇宙法則である。ここから人生100年時代の、とりわけ60歳からの第2の人生で何をどのようにやるべきかが浮き出てくるのではないだろうか。エントロピー理論によれば形あるものは必ず崩れる。秩序あるものは必ず無秩序になる。ただこの崩壊・無秩序があるおかげで、重力により宇宙に星ができ銀河が形成され、そして我が地球が46億年前に誕生したのだ。また我々生命体・人間も多くの子孫を増やし、英国生物地質学者のチャールズ・ダーウィン氏が著作『種の起源』で言及したように進化発展してきた。見方を変えればこの形あるものが必ず崩れる状態は、無数の星の如く、また多くの生命体の誕生の如く、「分化していく現象」ともいえるのではないか。

さて2番目の「生命とは何か？　人間とは何か？」の案件である。生命を持っているものを生命体・生物と呼んでいる。人間もその中に含まれる。生物とは生きて活動し複製・繁殖するものである。人間も複製・繁殖を繰り返し、チャールズ・ダーウィン氏の提唱した進化論の如く脳を発達させ発展してきた。この状況は複製・繁殖・進化という表現よりも分化をしてきたという表現の方が的を射ていると私は感じる。人間とは散逸という散らかし行為により複製・繁殖・増殖を繰り返し周囲のエントロピー増大に多大の寄与をしてきた。一方人間自身はさらに変容し、より進化発展すべく統合へ向かう。この状況自体はエントロピー減少である。しかし人間は自己の統合によるエントロピー減少よりも周囲への散逸・ちらかしによるエントロピー増大の方が多いので、結果としてはエントロピー増大法則になっている。このことを宇宙物理学では「散逸駆動適応」といわれている。「生命・生命体・人間とは何か？」とは「周囲の散逸を増やしながら自らの複雑さを維持し高めて増殖することで、全体の散逸をより速く進行させる現象である」ということになる。

　次に3番目の「人生100年時代の第2の人生において何をなすべきか？」という問題である。これも熱力学第2法則エントロピーで説明可能だ。まず138億年前に発生したこの宇宙の大法則はいつの日かの熱的死への目的指向的な振る舞い、つまり散逸、それも生命体による散逸駆動適応も含むエントロピー増大行為である。定年退職60歳時点はある面、静的、秩序ある状態と考えられる。今まで経験したことのない大転機に立っているわけで、途轍もない世界、あてがいぶちのない世界について、なんとなく気づきが生じ、頭が真っ白な状態かもしれない。

ここでまず目的志向的発想を持ち出すのだ。60歳時点での目的志向とはキャリアビジョンでありキャリアパーパスである。再雇用の終わる65歳以降のこと、70歳台・80歳台・90歳台のキャリアを如何に顕在化するかを考えるのである。この行為こそが散逸・エントロピー増大行為である。目標指向的に、再雇用終了の65歳時、70代時、80代時、90代時のあるべき姿、なりたい自分のビジョンとパーパスを懸命に考えるのである。60代以降10年毎に区切ってビジョンを立てるのは、おそらく人生初めての経験になるはずだ。何故なら今の我々が人類史上初の人生１００年時代の第2の人生を生きているからである。となれば10年毎のステージは、特に80代ステージ時、90代ステージ時には何も具体的にきっちり決めなくてもかまわないと思う。私の経験からも第2の人生を活動しているなかで新しいパーパス・ビジョンが自然に浮かび上がることがあった。大切なのは抽象的でも形而上的でも構わないので、とにかく思い描く行動をすることである。

パーパスとビジョンが決まったら次はそれを実現するための活動行為である。それは4番目の第2の人生でどのような考え方・プロセス・技能を必要とするかという問題になる。具体的に述べると、最初はまず対自活動とりわけ継続学習になる。60歳以降の第2の人生は個を軸に自由にフェーズ・時間を決められる。貴重な一人の時間が多く取れる。そこでは自分の知識・スキルのブラッシュアップ・リスキリングを激しく集中して行う。自分の新たなパーパス・ビジョン達成のため、学習が専門的になるときもあるが、なるべく学際的学習に心を配り視野を広げ、柔軟かつ多様な対応力を磨き上げるべきと思う。

60歳以降第2の人生のスタートは突然自由時間が増える半面、孤独という時間も増えるかもしれない。しかしこの孤独は必ずしも悪くはないのだ。一人で学際的継続学習を広く、ある面深く考察できる時間を獲得できたと考え、孤独の積極的活用を満喫しよう。人は知識のインプットが増大すると不思議なもので、だれか他の人に話をしたくなるものだ。そこで次の段階として人を求めての交流願望が起こる。その交流もなるべく多面的、多様的、多彩的、ダイバーシティと範囲は広いのが望ましい。ただ第2の人生は個を軸にした生き方になるので、人の選定は自分が交流したい好きな人を選べる。誠に快適である。交流というキーワードの中に是非ロールモデル・メンターを探し出会うことをお勧めしたい。私自身の60歳以降第2の人生の労務キャリア（職業活動）も余暇キャリア（スポーツ、趣味、学習）もこの交流活動から生まれた人的ネットワークによりあり得たものと認識し感謝している。60歳以降第2の人生の、途轍もない世界、あてがいぶちのない世界を歩んでいくには、このロールモデル・メンターは掛け替えのないものである。『徒然草』第52段「仁和寺にある法師」において吉田兼好氏は言い切っている「少しのことにも先達はあらまほしきことなり」と。また様々な交流の中にはディベートができるグループがあるのが望ましい。個々人の脳力・考え得る範囲は知れている。他の人々とディベートをすることにより自らの脳・発想も刺激あるいは覚醒され、さらなる高みへと登れるのだ。これをイノベーションという。イノベーションが起こると今までよりもかなりブラッシュアップされた自分になり、リスキリングあるいは新たな資格獲得等、ある面では散逸活動の結果、静的な秩序だった状態になっているのであろう。

ここまで60歳以降第2の人生で何をするか、何をなすべきか、さらにどのような技能が必要かを考えてきた。まとめると①散逸活動~周辺リソースを取り込み、熱を放出しエントロピー増大行為を加速する。そのことは猛烈に学ぶ・交流する・ディベートする活動である②結果イノベーションが起こりアップグレードされ、その過程で生きがいも感じる。そして自分は次の世界へ行ける~秩序③自分は静的・秩序立てに達しエントロピーを減少させるが、周囲をもっと散逸することでエントロピーを増大させ、全体としてはエントロピー増大に寄与している。

さていよいよ第5番目の人生100年時代の第2の人生の意味、意義について何が言えるか？ のイシューである。ここまで人間とは何か？ 何をすべきか？ どのような技能が必要か？ を宇宙物理論の観点から述べてきた。第5番の課題もまずこれらの認識を土台にしてその延長線上に答えがあると思う。まず人間とは何か？ これは20世紀初頭にアインシュタイン氏が発見したE＝MC2乗～E＝エネルギー＝活動、M＝質量＝人間～からの発想で「人間とは活動する物」となる。また17世紀に発表されたフェルマーの定理による、自然はことごとく「目的指向的」であり、そこに向かう人間の活動は、18世紀後半に言及された熱力学第2法則エントロピー増大理論の一部「散逸駆動適応」状態になる。ということは人生100年時代の第2の人生の意味・意義は自己の「目標指向的活動をする」こととなる。またこの活動により生きがいを感じるのである。

生物学的見地から見ると、あらゆる動物は種族保存行為の一生である。子孫を産み育て無事複製化に成功すると死んでいく。自分は消えて、後は子孫に委《ゆだ》ねるのである。ダーウィン氏の進化論を見てもエントロピー増大、個体を複製化して個体を増やす、分化することで確認できる。ホモサピエンスの末裔である我々が、21世紀で経験する人生100年時代の第2の人生の出現は、この生物学的見地を初めて崩すのだ。おそらく60歳以降第2の人生で、男女が結婚し生物学的に子孫を産み育てる例は現在のところないであろう。故にこれまでの人生100年時代の第2の人生の生物学的以外の意味、意義は議論はされても分からなかったのである。ところが宇宙物理学見地からアプローチすると、人生１００年時代の期間などほとんど無視されるほど小さいのだ。宇宙のスケールは１３８億年、この期間もＥ＝ＭＣ２乗、目標指向的、散逸駆動適応は適用している。この宇宙物理学視点から人間の人生の意味・意義を考えると、人生１００年時代でも、人生１０００年時代でも当てはまるし、なおかつ普遍的な説得性をもつのではないか。

最後に「何故我々は活動するものなのか」という課題である。「人間とは何か」という形而上学的イシューは、これまで哲学・学術・宗教等で無数に考察されてきた。ただ残念ながら二つの意味で満足できない。一つは科学的検証ができないこと、二つ目はほとんどの文献・古典は作者が生きていた人生50年以下時代のものなので、人生１００年時代とりわけ第2の人生のことは想定されていない。そこで私の回答はこうなる。この宇宙はそうできているから。こうなっているから。その大きな宇宙の物理的法則の中で我々も一員として生きているから。これは刷り込みにはならない。今考えられる科学的証明だ。これが宇宙物理学アプローチからの私の回答だ。

2. 第2の人生におけるキャリアの意味とは

キャリアの日本語は轍《わだち》の跡、経歴、活動など、様々数多くある。だがどれも一言で本来の意味を表現できてはいない。何故か？　英語のキャリアは二つの意味を内包しているが、その両方の意味を表す日本語はないため、やむなくキャリアとカタカナで表示している。二つの意味の一つは外的キャリアと呼ばれ、もう一つは内的キャリアと呼ばれている。外的キャリアは目に見えるもの（職種、肩書き等）、内的キャリアは目に見えない心の中（価値観等）を表している。履歴書の学歴・職歴・資格欄は外的キャリアである。職務経歴書の志望動機・自己PRは内的キャリアの出番である。例えば私は朝出勤前に自宅でスーツを着る。そのスーツ自体は外的キャリアである。そのスーツを選択した自分の感性や価値観は内的キャリアである。ややこしいが、私はキャリアの訳語は「活動」と解釈し使っている。以前は経歴という訳語をよく使っていたが、経歴はどうしても過去の意味合いが強いので、人生100年時代の第2の人生を考える時には過去、未来両方を論じるので活動の方がしっくりくる。また人生100年時代の第2の人生の意味・意義は、E＝MC2乗から導き出し、活動することと解釈した。故に、本書におけるキャリアの訳語は活動を使用する。

キャリアを考えることは活動を考えることである。活動を考えることは、時間の配分を考えることではなく、何をするかのフェーズ、場を考えることである。すなわちフェーズを考えることはマイプレイス、自分の居場所を作ることになる。居場所を求める活動、キャリアには以下の種類がある。

1. 労働活動、キャリア～稼得報酬
2. 運動活動、キャリア～肉体的、精神的、社会的健康
3. 対自活動、キャリア～継続学習、散歩、旅
4. 対他活動、キャリア～交流、ボランティア、研究会
5. 余暇活動、キャリア～趣味、ガーデニング

労働活動は稼得報酬以外に、精神的報酬もあり得るのだ。例えば私の場合は講義、あるいは相談後の拍手とか、感謝の言葉を受けた時に、お役に立ててよかったという精神的報酬を感じている。

定年退職後の第2の人生は、あてがいぶちのない世界、つまり途轍もない世界が待っているということである。この途轍もない世界とは未だかつてない、とんでもない世界の意味である。ここで途轍という字をよく見てほしい。轍=キャリアであり、途は道の意味である。途轍という字は車の轍（キャリア）が通った道のことである。すなわち途轍もない世界とは轍の道がない世界、キャリアのない世界のことなのである。言い換えれば60歳からの人生はあてがいぶち（器）もないし、途轍（活動実績）もない世界なので、いままでの組織を軸にした生き方ではなく個を軸にした生き方をする、という気持ちの切り替え、気持ちの再構築つまりマインドリセットが必要になる。

次にキャリア=活動の中身について考えてみたい。活動の中身を考えるには二つのアプローチがある。一つはキャリア=活動の多面性・フェーズの問題である。二つ目は先ほど述べた外的キャリア・内的キャリアの問題である。第2の人生のフェーズは大きく分けると職業キャリアと非職業キャリアになる。非職業キャリアは、継続学習活動、余暇活動、ボランティア社会活動などになる。第2の人生は、第1の人生と大きくこのフェーズが変わるわけで、自分のキャリアビジョンを考えながら複数のフェーズをどう組み合わせ、どう選択するのかが重要である。

キャリア＝活動の二つの中身を考察したら、次は如何にそれを顕在化・明らかにするかという問題になり、ここでキャリア開発＝Career development＝キャリアデベロップメントという言葉の登場になる。VELOPとはまだ開花していない花の蕾のことで、DEは否定語、ということは蕾を開かせる、まだはっきりしていないことを明らかにする意味になる。個々人のまだはっきりはしていないが潜在的に持っている何かを明らかにする、顕在化するということである。キャリア＝活動なので、キャリア開発とは個々人の潜在化しているキャリア＝活動を顕在化すること、活動顕在化ということになる。

ではキャリア開発＝活動顕在化とはどのように行えばいいのであろうか。まず最大のマクロ考、宇宙の物理的大法則、フェルマーの定理によると、自然はすべからく目的指向的である。この定理の流れに則《のっと》り目的指向的考察～キャリアビジョンを考える。キャリアビジョンとは、ある一定の年齢に達したときに自分がなっていたい姿、あるべき・ありたい、希望するキャリア（活動）の自己イメージ像のことである。手法としては、①フェーズ選択からのアプローチ②外的・内的キャリアからのアプローチを使用してキャリアビジョンを設定する。次にこのキャリアビジョンを達成する方法は何であろうか。それは散逸活動である。自分で真剣に激しく行動し、周りのリソースを取り入れ周辺を散らかす～散逸するのである。例えば①対自活動・継続学習をする②交流かつメンター・ロールモデルを探す③交流の中からディベートグループを作る④イノベーションが起こる。この散逸活動および期間はエントロピー増大活動・期間である。ただ同時に散逸駆動適応でもあり、結果、目標指向的なキャリアビジョンは達成される流れである。

3．60歳から100歳までをどう生きるのか

人生１００年時代の第２の人生に何故キャリアプランを考えねばならないのか？その背景の一つには長寿命化の問題がある。この長寿命化は人類始まって以来のエポックメイキングな出来事なのだ。第１章でも言及をしたが、我々の祖先であるホモサピエンスは20万年前にこの地球上に出現した。言うまでもなく、我々祖先の平均寿命はほとんど50年以下であった。人の一生は、子供が生まれ、ある程度成長するまでの期間を生きていく他の動物たちと同じようなサイクルであった。つまり我々は第１の人生のみを99・９９７％の期間生きてきたのだ。個人も集団も国家も50年間如何に過ごすか、だけを考えて第１の人生を生きてきた。社会も教育も労働も家庭も全て第１の人生仕様で、学校、職場・会社など居場所の器も整備されていた。つまり人生50年以下時代は、あてがいぶちの器のある期間である。そこに突然人生１００年時代の第２の人生が現れたが、人類は初めてのことで経験もないし、長寿命化に全く慣れて

いない。全くどうしてよいか分からない。途轍もない世界、あてがいぶちのない世界を前にして茫然自失の状態になっているのである。第2の人生を今までの第1の人生の延長と考えても、第2の人生で子供を産み育て成長させるキャリアプランには無理があるのである。やはり心機一転、ここは気持ちを切り替えて第2の人生をリスタートさせるキャリアプランが必要になってくる。

二つ目としては60歳は転機、それも大転機であるという理由である。人生は転機の連続ともよく言われるが、エントロピーから転機を考えると下記のようになる。

転機～エントロピーから考察

高校生　勉強　受験準備：散逸

↓

18歳転機　大学入学：秩序

← 大学生　勉強　就職準備：散逸

22歳転機

← 入社：秩序

← サラリーマン　勉強　転職・退職準備：散逸

60歳転機

← 定年退職60歳：秩序

← 自由個人学習　キャリア準備：散逸

60代転機

← 再就職、再雇用、自営：秩序

← 自由個人学習　キャリア準備：散逸

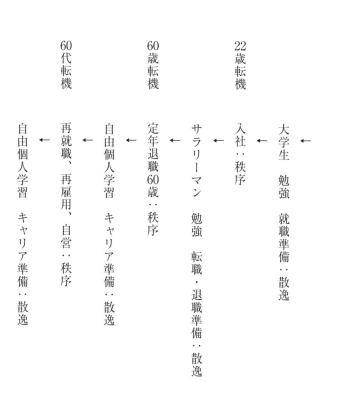

70代転機　↓再就職、自営：秩序
　　　　　↓自由個人学習　キャリア準備：散逸
80代転機　↓再就職、自営：秩序
　　　　　↓自由個人学習　キャリア準備：散逸

人生の転機は様々あるがこれは代表的なものである。例えば大学生になったとき、社会人になったとき、定年退職になったとき、この時点はフェーズが変わった時点である。つまり周囲を散逸させ、周囲からリソースを取り込み周囲に熱量を発散し、エントロピー増大実現、このことは大学生になる前の高校時代の猛烈な継続学習である。また社会人になる前の大学時代の猛烈な継続学習である。定年退職になる前の猛烈な継続学習である。そして目的指向的にキャリアビジョンが達成された結果、大学入学時、会社入社時、定年退職時に散逸状態から秩序化される。秩序化時点ではエントロピーは減少であるが、継続学習等による散逸、エントロピー増大の方が大きいので、トータルではエントロピー増大になり、天文学者アーサー・エディントン氏が提唱した「時間の矢」に則り、熱的死方向に向かう。

この様々な転機の中でも60歳定年時が人生最大の転機である。何故ならば長寿命化による人生100年時代の突然の出現で、人類始まって以来のもう一つの人生、第2の人生が現出したからである。60歳までの様々な転機にはその転機なりの共通の特徴が存在した。それは60歳までの人々の各転機の前後の状態や行為の有りようが集団、マスとして見えていて、さらにロールモデル、メンターの存在もあったのだ。人生100年時代の第1の人生のキャリアパスは存在しえた。

我々はこの地球上に誕生して以来、特に現代社会においては、60歳まではこのあてがいぶちのある世界、途轍もある世界にどっぷりとつかってきたのだ。これでは60歳以降、我々人類は何をして生きていくのか？　キャリア（活動）に関して、目の前がミストにはばまれて五里霧中状態になってしまうのも当然だ。

現代最新宇宙物理科学で考えられる一番大きいスケール、最大のマクロからの発想が可能なサイズは、１３８億年のフェーズだ。多次元、他空間、マルチバースはあると思うが、まだ実証されていない。我々が認識しているこの宇宙の法則は、

1. E＝MC2乗
2. 目的指向的〜フェルマーの定理
3. 散逸駆動適応的〜エントロピー

であり、これをキャリア的に解釈すると、

1. 我々人間とは活動する粒子である
2. 我々のミッションはキャリアビジョンに向かう行動をすることである

３．そのプログラムは継続学習、ディベートスピリットあふれる交流から生まれるイノベーションである

となる。我々は誕生してからたびたびの転機に際し、この法則に則って乗り越えてきたのではないか。この法則に年齢は関係ない。人間の寿命が延びる限り、人生１００年時代でも人生１０００年時代でも共通・普遍的なものと考えている。従来のキャリア論は単発的ミクロ的で発想スケールが小さい。また言動、すなわち言行一致がいささか疑問だ。発言者のビジュアルがあまり見えない。私自身はキャリアに関しては普遍的な提案、すなわちキャリアインフラを目指している。人生１００年時代問題や第2の人生問題を生物学的切り口で見るのではなく、考えられる大きなスケールの中の人間の人生の意味・意義を知りたいのだ。したがって60歳転機時もこの法則に則り考察・実行を行うのである。

まず目的指向的にキャリアビジョンを考える。次に散逸〜継続学習、交流、ディスカッション、ディベートスピリット、イノベーション〜により秩序・キャリアビジョ

ンを達成する。60歳以降第2の人生は確かにあてがいぶちのない世界、ではある。しかし第1の人生よりも自分自身で自由に考えられるというメリットを手に入れたのだ。つまり組織を軸にした第1の人生からやっと個を軸にした人生を獲得したとも言えるのではないか。60歳以降の散逸は是非この自由を最大限に活用し、激しくインプット・アウトプットをすべきである。その活動の中から必ず次の秩序、就業が手に入れられると思う。

ここまでは60歳からのキャリアプランを考えるにあたり、その背景について言及してきた。一つ目は長寿命化という背景、二つ目は60歳の大転機という背景についてであった。次は60歳からのキャリアプランのフォーカスを労働活動とりわけ職業活動に当ててみたい。E＝MC2乗から活動と粒子は同一である。人間も粒子の集合体なので人間の存在全てが活動である。人間は脳も身体も全て多くの活動している細胞で形成されている。細胞から分子、原子と量子の世界に入って、原子を構成している素粒子、例えば電子も激しく動き活動しているのだ。人生100年時代の第2の人生、キャリアプランを考える際は、健康について、経済状況について、労働についての3

本柱は外せないであろう。健康は生きていく重要な土台であり、経済は生きていく重要な手段である。健康は健康管理活動を通して生きていく土台を強固なものにする、経済は経済活動を通して生きていく手段をつつがなく安全なものにする、という活動である。全て活動なのではあるが、活動の本丸はE＝MC２乗が示しているように労働活動である。労働活動は２種類ある。一つは職業活動で稼得報酬のあるもの、もう一つは非職業活動で稼得報酬ではなく精神的報酬のあるもの、つまり余暇活動である。

健康という土台、経済という手段がないと労働活動はやりにくく困難である。言い方を変えると、労働活動とりわけ職業活動があれば健康、経済両方が付いてくる、得られるということが言えるのではないか。そこで次にこの職業活動について言及しようと思う。

4．シニアの就職活動には成功の秘訣がある

就職活動に際しての心構え、マインドセットの話から始める。大切なのは大転機に今自分はいるんだ、という気づきを持つことで、自分を取り巻く様々な環境や状況が大変化を起こしていることを認識することである。この転機をしっかり認識しないといたずらに時間が過ぎていくことになる。

この転機時の仕切り直し、マインドリセットとは具体的にはどうすることか？　私の経験からも言えることは、自分をうまくコントロールすること、自己制御すること、つまり自己マネージメントすることである。

私自身の自己マネージメントは二つの観点から考えやってきた。一つは全体を見る、大局観を思考する、全体最適を考えるということだ。能楽の世阿弥氏が述べた「離見《りけん》の見《けん》」、小説家の夏目漱石氏が言及した「則天去私《そくてんきょし》」、すなわち現況とその中にいる自分を俯瞰し客観的に眺めることだ。俯瞰のスケールは様々だが、今考えられる

最大のスケールは宇宙の１３８億年だ。

二つ目は現況そのものを率直に見て、率直に感じて、部分最適を思考するということだ。今現れた状態、瞬間に意識を向けて、過去に拘泥せず、ひたすら現在の瞬間に焦点を当てる。そうすると自分の感情や思考、感覚が敏感になり、そこに起きていることに対し受容的な姿勢になれてくるものだ。

さらに自己マネージメントすることにより、気持ちの切り替えも可能になる。一つの例として、ストレスの使い方がある。人は何か新しいことを起こすときには必ずストレスがかかる。ストレスとは摩擦、圧力の風であり、それは前方から来るアゲインストウインドである。その風をまず自分が意識・認知する。いまストレスが自分に来ていることをしっかり認知するのである。そしてその向かい風を、意識して自分の両脇サイドから後方に流し、さらに自分の背中を押させるフォローウインドに変えるイメージを創り出すことである。つまりストレスの力を自分が前に強力に進めるように利用し使うのである。ストレスとはある意味、「変化に対応する必要エネルギー量」とも言える。すなわちストレスのエネルギーを変化対応の起爆剤に使うのである。

またこの転機時には複数の心理的・精神的不安感、危機感が現出しがちだ。老いの自覚〜身体変化、「このままでいいのだろうか?」という不安や葛藤、視座の逆転〜終わりを意識し逆算発想になる。有限性の自覚〜自分の体力・能力・人材としての市場価値の限界が見える。アイデンティティの変化と喪失〜環境状況変化から喪失感を感じ、自分とは何かが分からなくなる。変化とストレス〜自分自身・職場・家庭の状況変化と新たなストレスが生まれる。このような転機時の不安感・危機感に際してもどのようなマインドリセット、気持ちの切り替えが有用であろうか。そこで危機という漢字を見てほしい。危機とは危険の危と機会の機という漢字で構成されている。つまり危機とは気持ちの持ち方で危険にもなり機会にもなり得るのだ。マインドセットとしては是非機会に持っていくべきである。ピンチをチャンスに変えたいものである。

次に企業に採用される要素、企業の採用担当者が採用するポイントとは何であろうか?　それは二つある。一つは「利益を出せるか?」、二つ目は「うまくやれるか?」である。利益を出すとは、この人を採用して我が社に利益をもたらしてくれるだろうか、また当社が期待する仕事内容ができるであろうか。ということになる。この要素は応募書類、とりわけ職務経歴書の記載で検討される。

うまくやれるかに関しては、キャリア採用の場合、求人側の配属先は決まっている。そこには既存の社員が複数働いているわけである。果たしてこの人を入れて、既存の社員たちとうまくやれるかを見られるのである。内容はコミュニケーション能力とか人間性である。これは当然面接時に検討される。

求人先はすべからく仕事ができる人、能力がある人を欲しがる。ではこの能力がある人とはどのような能力なのであろうか？　能力にも二つある。一つは職務能力であり二つ目は職業能力である。名前は非常によく似ているが意味・内容は違う。職務能力は仕事ができる能力であり、利益が出せる能力である。職業能力は自己マネージメント能力でうまくやれる能力である。職務能力は、①仕事を効率的に処理・管理できること、②生産性アップスキルがあること。生産性を上げられるとは、例えば当該社の業績が非常に落ち込んでいるとする。内容を分析した結果、その会社の制度・やりかた・段取り・システム・ツール機器・組織・意思決定プロセスなどが、当該社を取り巻く社会の流れ、経済環境状況と乖離していた。その場合に、乖離・ギャップを埋める対策案が出せ、実行遂行できる能力、それが生産性アップスキルの意味である。言い方を変えれば、新メカニズム設計構築能力であり、すなわち課題解決能力である。

職業能力は、①立ち居振る舞いがきっちりし、きびきびした動作ができること　②人間力、性格等が優れコミュニケイティブであること　③健康を維持し、知識経験も豊富なことなどのパフォーマンス能力のことである。

つまり企業が欲しがる仕事ができる人、能力がある人、というのは、職務能力と職業能力のバランスに長《た》けている人ということになる。また企業が採用試験・採用面接時に注視する要素の「利益が出せる人」とは職務能力に長けている人で、「うまくやれる人」とは職業能力に優れている人ということである。

次にシニア就職活動における四つのキーワードおよび段取りに関して言及したい。就職活動はむやみに動いては無駄が多いし徒労の結果になりがちだ。四つのキーワードは、①自己理解、②環境理解、③市場理解、④価値観である。

再就職活動時とりわけ定年退職時は大転機である。このフェーズが変わる大転換時における自分とはいったい何者であるか？　自分は今までどのような経験をしてきたのか？　様々な局面に際してどのような思考・行動をしてきたのか？　そういった経験・行動を通して身についてきた知見の蓄積、さらにそこから明らかになった自分自身の強み弱み、感情・性格・好奇心等の自己分析を通したものが自己理解である。この自己分析・自己理解を進めることは、後ほども言及するが、応募書類とりわけ職務経歴書の自己ＰＲ欄を書く時に非常に参考になる。

次に環境理解とは、自分をとりまいている様々な状況を確認することである。60歳の大転機時においての環境状況がどのようになっているのかを押さえておくことは非常に重要である。例えば経済問題、財産目録の整理、住宅ローンなど負債残高の把握、今後の年金受給額の把握、家庭問題、両親の介護課題、自分・家族の健康状況、友人との交流状況などが挙げられる。

市場理解とは、自分が就職に臨む市場・企業状況の把握のことである。ここで重要なのはシニアを求める現行市場・企業の需要内容はどうなっているかを観察・分析・

見極めをして、雇用市場を十分に理解することである。現行企業の社内人事構成は、能力・スキルがコア部分におかれているが、やはり年齢による役割分担も存在しているのが現実である。そのために年代とりわけシニアの需要調査、シニアに対する企業の期待する役割もしっかり把握することがポイントになる。

最後に価値観というキーワードについて言及する。人生100年時代の第1の人生においても価値観は重要な要素であるが、第2の人生ではより重要なポイントになる。何故かというと、第2の人生は、キャリアの蓄積の多寡が第1の人生とは比較にならないくらい豊富な状態でのリスタートになる。すなわち蓄積されたキャリアからのより広く深い価値観の考察が可能になるからである。この意味からも第2の人生のスタート時には是非価値観の再考を実行すべきである。価値観へのアプローチ方法としてはいくつかあるが、哲学、古典なども参考にしながらも自分自身で考えることが必須になる。論理的合理的な西洋哲学風に例を挙げるなら「人生で最も大切にしている自分の判断基準」。思想的実際的精神的な東洋哲学風に例を挙げるなら「自分が追求したいもの、何か惹きつけられるもの、その結果としての肚落ち感・納得感」「自分にとっての生きがい感、自分が活かされている感覚」のようなものが挙げられる。

このようにシニアの就職の四つのキーワードは、①自己理解、②環境理解、③市場理解、④価値観となる。また実行するプロセス、段取りは、市場理解―自己理解―環境理解の順序で各項目を分析理解し、最後は自分の価値観で判断するのが望ましいと私は考えている。何故ならば現状社会体制・状況を鑑みると、まずシニアの企業労働市場の需要・期待役割等、現況調査・分析が最優先されると考えるからである。

ここまでシニアの就職活動と求められる人物像について言及してきた。そこで求められる人物とは一言で言うとどのような人なのであろうか？　私は「プレイングマネージャー」であろうと考えている。そしてこの言葉は就職活動のみならず、入社してからも末永く働ける普遍的な言葉であると考えている。プレイングとは「実務能力がある人」の意味で、「職務能力がある人」つまり「利益が出せる人」である。マネージャーとは一般的には他人を管理する意味で使われるが、私はここでは「自己マネージメントのできる人」と意味づけしたい。つまり「職業能力のある人」であり、すなわち「うまくやれる人」なのである。そこで就職活動の真実とはプレイングマネージャーを目標化し活動することになる。

自己理解、環境理解、市場理解、価値観の四つのキーワード・段取りでシニアの就職活動について言及した。このことはすなわち、「就職活動とは、自己理解・環境理解・市場理解を客観的に分析し、価値観でもって主観的に決断行動すること」となる。さらに「市場理解」を「社会理解」に置きかえれば、「人生100年時代の第2の人生の生き方活動全般は、自己理解・環境理解・社会理解を客観的に分析し、価値観でもって主観的に決断実行すること」にもなり、生き方のヒントにもなるのではないだろうか。

5. 東洋哲学から学ぶ第2の人生のヒント

これまで人生100年時代の第2の人生の生き方に関して次の観点から述べてきた。一つは転機に立っているという自己認識を持つこと、二つ目は第2の人生は第1の人生と違い、あてがいぶちのない世界、途轍もない世界であることである。この難問に対応するためにまず、人間の根源的問いを主に西洋的哲学的発想と宇宙物理学的実証からアプローチを提案してきた。その根源的問いをベースにして、キャリア概要の考察、また、人生１００年時代の第２の人生のキャリアプランのヒントについて話を進めた。さらに第２の人生の生き方の中央に位置付けている職業キャリア、労務キャリアの実現に向けての具体的な就職活動に言及してきた。

　しかしながら人生１００年時代の第２の人生はあてがいぶちのない世界、途轍もない世界だけに、60代から90代までの10年毎のステージにミストがかかって見えない状態だ。ここで私は「人生の再起動化への発想転換」を提起したい。還暦とは12年×５回＝60年、60歳のことである。これをもう一度60歳時点で回し、発想の転換を提起する。もう一度人生の再起動化をして心機一転、マインドリセットをし、第２の人生のそれぞれのライフステージ毎の新発想を思い描くのである。

　再起動化後のライフステージ毎のイメージを、東洋哲学的知見の「温故知新」という概念からアプローチしてみたい。温故の世界は、50年以下人生の世界である。それも我々のご先祖様ホモサピエンスが現れてから１９４７年までの、99・９９７％もの期間が50年以下人生である。当然その期間に書かれた古典・文献・哲学は人生50年以下の人生仕様の生き方になっている。しかし1947年までの99・997%の期間に我々人類の大半は地球上に存在し、生きて、生活をしてきたのだ。そこでの膨大な人間の生き方や生きざま、慧眼者の知見は、現代の途轍もない世界、あてがいぶちのない世界に直面している我々に何らかの知恵・創造的発想を提供するのではないか?

温故知新とは、故《ふる》きを温《たず》ね、新しきを知るの意である。人生50年以下時代も、人間の一生を、人々は各々のステージ毎、年代毎に様々なマインドで生きてきたのだ。多種多様な喜び、怒り、悩み、苦しみ、悲しみ、努力、勉強など、そこでの対応、立ち居振る舞い、多様な人間の行動、生き方の宝庫が温故なのである。宝庫である温故を、人生100年時代の第2の人生の発想に、知新さらに創造することが今回のテーマである。

東洋思想、東洋哲学の一角である我が日本にも素晴らしい温故知新のワードがあるのだ。それは「守破離」という言葉である。出処は諸説あり正確には分かっていないが、18世紀日本の茶人で江戸千家流開祖、川上不白の著『不白筆記』が有力だ。守破離に関して「守は型を身につけること。破は身についた型を働かせ自分なりに創造性を発揮すること。離は自由自在に型を演じながら独自性を打ち立てること」と言っている。私は50歳過ぎから極真空手道場に入門し、20数年間現在も稽古を継続している。日本の武道である空手の稽古もまるでこのパターンだ。第1段階は指導者、メンターの動作をまねながらひたすら自分自身で型を繰り返す。第2段階は身体の動きが自分自身にしみ込んできて、種々の工夫を始める。第3段階はより熟練し、自分の独創性が出せるようになる。私は第2の人生のキャリアのライフステージを思い描く際に、この内的キャリアゾーンである「守破離」という概念が有意義だということを、極真空手の実践、稽古を通じて学んだ。

守破離は次のようにも解釈できる。

・守：受け、模倣、インプットの繰り返しによる継続学習
・破：ディスカッション、ディベートスピリット交流によるオリジナリティ工夫

・離：イノベーションによる新創発の実現

温故知新から想定される、守破離のライフステージは、60代が守、70代が破、80代以降が離になるのではないか。

次に、古代中国で著された『四季』と『論語』の二つの温故から知新を検討する。まず通常の四季は下記のようになる。

四季　〈人生50年以下時代〉

0代：成長期、キャリアなし

10代：玄冬　未来の見えない暗闇、混沌の玄色、キャリアが芽吹く前の冬：玄武（亀）

←地を這いまわり努力
20代：青春　発芽し青々と繁茂、キャリアビジョンへ向かい
　成長し続ける：青龍
←飛翔
30代：朱夏　人生の盛り、燃える太陽の朱、キャリア活躍：朱雀
←飛行
40代：白秋　人生の秋、実りを純白な虚心で楽しむ：白虎
←睥睨

東洋の古い思想・哲学において、人生を四季にたとえそのそれぞれに象徴するカラーと動物が命名されている。『四季』の思想の考えは、人生は冬から始まる。私の発想も人生の順序は冬から始まり、春、夏、秋と進むのが自然と考える。ただ人生100年時代を考えるときにキャリア＝活動をコアにおいているので、0歳台はキャ

リアよりも心身の成長期と位置づけている。また50歳台は充分に蓄積されたキャリア＝活動履歴もあり、人生100年時代の第2の人生の境目、および第2の人生への準備期と考えている。

この『四季』の発想を、人生100年時代の第2の人生に置き換えると次のようになる。

『四季』〈人生100年時代〉

50代：準備期、キャリアあり

60代：玄冬　未来の見えない暗闇、混沌の玄色、キャリアが芽吹く前の冬：玄武（亀）
←地を這いまわり努力

70代：青春　発芽し青々と繁茂、

キャリアビジョンへ向かい成長し続ける：青龍

←飛翔

80代：朱夏　人生の盛り、燃える太陽の朱、キャリア活躍：朱雀

←飛行

90代：白秋　人生の秋、実りを純白な虚心で楽しむ：白虎

←睥睨

60歳台はミスト状態、霧がかかって五里霧中の暗闇の中にあり、未来は見極めがたい。文字通り、途轍もない世界、あてがいぶちのない世界、期待と不安が入り混じる混沌状態から第2の人生は始まる。そんな60歳台に相当する季節は冬であり、象徴する色は「玄」である。「玄」は「幽玄」という言葉があるように、やさしく高雅で、しみじみと深みのある「くろ」だ。60歳台は種子が大地に埋もれたままの玄《くら》い冬。それを象徴する動物は「亀」すなわち「玄武」である。60代は混沌とした玄色の冬であ

る。しかし次には必ず春が来る。すなわちキャリアが芽吹く前の期間が玄冬なのだ。60歳台は亀の如く地を這いまわって苦労しながら知識と技能を蓄える。リカレントであり、リスキリングであり、継続学習に燃える期間である。孤独を対自活動時間が確保できたと前向きにとらえ、継続学習の繰り返し、試行錯誤、自己吟味の60歳台を過ごしたいものである。まさしく「守破離」の「守」の60代である。

人生100年時代が実現される以前の時代ならば、定年後は特に何もせず悠々自適に暮らす選択もあったであろう。でもそれは一つの人生、第1の人生しかなかった時代の話だ。定年はソフトランディングで着陸ではなく、テイクオフによる第2の人生へ向かっての再飛翔なのだ。

私も60歳退職時には、何も見えなくなり途方に暮れた。しかしここで役に立ったのは50年以下人生の成長期のキャリア無しと、人生100年時代の50歳代のキャリアありの違いだった。私は10代から20代にかけて多くの失敗・青春の蹉跌を経験している。その後の生き方は、その口惜しさ・憤り感を自分なりに分析・反省してきたキャリアであるかもしれない。60歳の転機に立ち、途轍もない世界へ向かう時に、このキャリアのあることが、青春の蹉跌からのリベンジ魂と相まって、玄武のように地を這い回り努力する、マインドチェンジ、モチベーションアップに貢献することを私は体感・実感している。

70歳台に入り、玄冬の時期を過ぎるといよいよ芽が出て山野に青葉の茂る春を迎える。人生の春は青春、70歳台は青春の再来である。青春を象徴する色は青、象徴する動物は龍、すなわち青龍だ。60歳台からの努力・キャリアが芽吹き、発芽し青々と山野に繁茂する。その中を自己のキャリアビジョンに向かい青龍の如く飛翔するのだ。またさらに学習を続け成長し続けるのだ。70代はまさしく「守破離」の「破」の時代である。

70歳台が青春なんて？と笑う方もおられるかもしれない。しかしながら、ちょっと周りの人々を見回してほしい。現代の70歳台の人々は、人生50年以下人生の人たちと比較して外面的にも内面的にも若く見える。20万年前に我々のご先祖ホモサピエンスが地球上に現れて以来、寿命を比較してみると、50歳以下の期間が99・997％、50歳以上の期間が０・００３％となり、あまりに突然人生１００年寿命時代になったので、人々の意識の変化、社会体制の変化が追いついていないだけの話である。

70歳台の私自身は現在、『四季』による温故知新の発想でいけば、青春のステージになる。実を申し上げると、第1の人生時代は70歳台のイメージはあまり想像ができなかった。この70歳台＝再来の青春発想は、自分自身の60歳台の玄冬時代の玄武の這い回りの延長に生まれた気がする。私は現在職業キャリアと非職業キャリアの両方の活動をしている。非職業キャリアの代表例は空手稽古など、複数の肉体鍛錬系と多様多彩な人的交流である。汗をびっしょりかいて稽古しているとき、友人との熱いディスカッション、ディベートスピリットあふれる交流状態になっている瞬間、あれ？と思い、なんとなく青春を感じるときがある。職務キャリア中も一生懸命、エンカウンター方式でお話を聞いたり話しているときになんとなく感じることがある。これって何だろう？　20代の頃のファーストキャリアの青春と同じ感覚ではないか？と。

80歳台になると夏、それも朱い夏、朱夏だ。象徴の動物は朱雀《すざく》である。この時期こそ人間は群れて元気に騒ぎ回り、にぎやかに飛び回るべきなのであろう。

人生の盛り、燃える太陽の朱の如く、元気に大空を飛行するのだ。60歳台の玄冬時代はキャリア蓄積、70歳台青春時代は、キャリアビジョン実現へ向けての青龍の如くの飛翔であった。この時代を経た後の80歳台朱夏時代、人生の盛りの時代に朱く燃えて、新創発キャリア活躍の飛行をするのだ。まさしく80代以降は「守破離」の「離」の心境だ。

そして90歳台。四季は秋になる。それも白い秋、白秋だ。象徴動物は虎、すなわち白虎である。90歳台こそは白秋、人生の実りの秋だ。80歳台までに蓄積した全ての実りを90歳台にこそ収穫し純白な虚心でゆっくりと味わい噛み締める。些事や雑務にわずらされることなく、虎の如くに人生を睥睨《へいげい》して生きたいものである。

次に『論語』からの温故知新、発想・創造を見ていく。孔子は自らの一生を回顧し、その人間形成の過程を『論語』で次のように述べている。

『論語』

15歳：志学　自分の興味性を確認し継続学習の決心をする

30歳：而立　インプットを充実させオリジナリティ、自説が持てる

40歳：不惑　あれこれ迷わない。動ぜずかつ受容できる

50歳：知命　天命を知る

60歳：耳順　人の言うことを素直に聞く

70歳：従心　心の欲するところに従って、矩《のり》を踰《こ》えず

『論語』に関しては、人生100年時代を考える時に、キャリア＝活動をコアにアプローチをしているので、0歳台はキャリアよりも「心身の成長期」と位置づけている。また50歳台は、人生100年時代の第1と第2の人生の境目であり、それまでの充分なキャリア＝活動履歴の分析をしながらの、「第2の人生への準備期」ととらえ

ている。
この『論語』の発想を人生100年時代の第2の人生に置き換えると次のようになる。

変わり『論語』〈人生100年時代〉

50代：準備期、キャリアあり
60代：志学　自分の興味性を確認し継続学習の決心をする
70代：而立　インプットを充実させオリジナリティ、自説が持てる
80代：不惑　あれこれ迷わない。動ぜずかつ受容できる
90代：知命　天命を知る

人生100年時代の第2の人生スタートに当たる60歳台は、継続学習を究める覚悟をし、実行に邁進し、その中から自分の好奇心を見出すことである。ここから再度、学を志す「志学」というマインドセットが重要になる。いままで継続学習はしてきたかもしれないが、ここで一度立ち止まり、今までの学習を整理し振り返る必要がある。守破離という内的キャリアから言えば、この時期は心機一転、第2の人生の新たな学習の志、「守」の覚悟が必要になる。基本は学際的継続学習であると思うが、キャリアビジョンを早期の再就職、職務キャリアにおいた場合、それはシニアの市場需要理解、期待役割の調査が優先される。次に自己保有スキルの賞味期限、スペシャルなものであるか、所属した社内でのみ通用する物か、いわゆる汎用性のある普遍的なスキルを保持しているか？である。あとは自分の人生100年時代の第2の人生を生きる価値観を吟味し、学習方向を決定することである。このことが60歳台で改めて学に志す志学である。

70歳台の「而立」は、大量に蓄積してきた、インプットしてきた学習結果、あるいは継続学習中も含めて、自分のオリジナリティな考え・思考が出せるか？ということである。いわゆる自説が持てるか？　である。この時期はまさしく「守破離」の「破」である。『論語』の時代では『詩経』、『書経』、『礼記』などの古典の学習を終了し、一人前の学者として独立の道を歩み始める時であった。

80歳台は、「不惑」の時期である。何があっても動ぜず受け入れる度量ができている状態。あれこれ迷うことがなくなった精神状態の確立である。その冷静な精神、頭脳状態から新しい発想、創発がイノベーションとして生まれてくる、まさしく「守破離」の「離」の時代である。私自身の経験としては第1の人生の40代は中年の蹉跌感でまだまだ不惑とは程遠い、迷ってばかりの時期であった。私には80歳の不惑の方がなにかしっくりくる。

90歳台は、「知命」と「耳順」の時代である。知命とは天命を知ることであり、天が自分に与えた使命を悟った状態である。また、耳順とは、相手の助言、諫言《かんげん》をそのまま聴ける素直な心境、さらに、「心の欲するところに従えども矩を踰えず」状態であり、90歳台はアイデンティティが統合された時代なのである。

第2章の要約

1. 生命とは何かを考えることが、生き方の指針になる
65歳、70代、80代、90代のあるべき姿、なりたい自分を懸命に考える

2. キャリアには目に見える外的なもの（職種、肩書き等）と目に見えない内的なもの（価値観等）がある
第2の人生の活動は、個人的要因、興味好奇心、環境的要因の分析、棚卸から始まる

3. 60歳定年時は人生最大の危機である
キャリアプランの3本柱は、健康、経済状況、労働

4. 求められるのは、プレイングマネージャー
就職活動は、自己、環境、市場を客観的に理解・分析し、主観的に行動すること

5. 60代は「守」、70代は「破」、80代は「離」
温故知新の発想では、70歳台は青春のステージと言える

第3章
活動を明確化するためのアプローチ

1. 定年退職日は個人の独立記念日

長寿命化社会において、人生に生きがいを求めて進んでいけるメカニズムとはどのようなものであろうか。定年退職により、多くの人はこれまでの就業時代に存在した、会社という居場所と、人との交流状況を瞬時に喪失する。その喪失感から孤独感に苛まれるかもしれない。しかし孤独とは一人ぼっちで寂しいということだけではないはずだ。一人ぼっちでいても、時間を忘れて打ち込めるものがあれば、人は充実した時間を過ごすことができる。自分なりに他の人の役に立てるほどのものがあれば、人は居場所を感じ孤独を味わわずに過ごすことができる。孤独を寂しいとは考えず、一人だからこそできることがあると考えた場合、それは充分な勉強時間が確保できるということではないだろうか。多くの人は、学生時代には当然のように勉強に励んできた。就業時代もそれなりに広い意味での勉強をやってきた。しかしこれらの勉強は、学生にとっては半ば強制的に与えられたもの、就業時代には隷属《れいぞく》状態の植民地的労働の関連で学んだものが多いのではないだろうか。

定年退職日は個人の独立記念日である。やっと自由を手に入れたのである。今こそ自由に、本当に学びたい勉強、自分の夢、あるいは、知的好奇心に引っ張られた勉強を可能にする時間が手に入ったのである。この勉強こそ定年後の醍醐味であり、未来を見据えた個人の新しい資産、ファンダメンタルズになり得るのである。また私は、この継続学習は、可能な限り学際的であるべきだと思っている。哲学、宇宙物理学、量子論、文化人類学、心理学、社会学、歴史学、文学、政治・経済学など個人の好奇心に導かれるままになるべく多種多様な領域を学んだ方が良いと考える。何故かというと思考の準拠枠（Frame of Reference）が広がり、より発想が柔軟になるからである。いままでは、定年退職後のキャリア論においては、学生時代、就業時代に比して勉強という概念があまり声高に叫ばれてこなかった。しかしこれからの長寿命化社会は生涯学習とりわけ定年退職後の継続学習こそが、最も重要と考える。学習を継続することにより当然知識が増え、考え方が多様で柔軟になる。

新しい知識や思考が増大すると、人間はそのことを誰か他の人に話してみたくなるものだ。そこに人を求めて新交流が起こる。孤独から交流への変換が生じるのである。様々な交流が生じた暁には、その各集団の中にはディスカッションのできる交流関係もいくつかあることが望ましい。人間の脳は一人で学んだだけでは発展に限界がある。他の人たちとディスカッションをすることにより脳がより活性化され、新しい発想が泉のように湧き出るのだ。また、様々な既定概念、新概念が新しく組み合わされ、結合され、イノベーション、新結合が現出する。そしてこのイノベーション、新結合の中から、継続学習をしてきた人々は、人的ネットワークが形成され新しい労働活動を手に入れることができるのだ。この孤独―継続学習から交流―イノベーションへのメカニズムを理解することは、人生100年時代の第2の人生の生き方を考える際、非常に重要なポイントになる。

2．学び続けることを忘れない

長寿命化による人生100年時代の到来で何が最も変わったかというと、今まで人類が考えもしなかったもう一つの人生、第2の人生が突然この世の中に現れたことである。こんな短期間で個人も社会も新たに現れた第2の人生に対する新体制はなかなか構築できない。

そのスタートラインで何か方向性を示してくれる羅針盤的なものを持ちたい。定年退職・リタイアで失うもの、得られるものを考えると、失うものは組織・会社を軸にした居場所の喪失に収斂《しゅうれん》される。一方得られるものは、個人を軸にした自由時間の獲得に収斂される。人生100年時代の第2の人生は人類が誕生してから初めての経験である。第1の人生は、かなり自分自身が自分の努力で自由にやってきたように思えるが、実はある意味、既存・規定の世界なのだ。ところが個人を軸にした世界での時間は、人生で初めて獲得した画期的な「自分で自由に使える自由時間」だ。大きなチャンスだ。この獲得した貴重なフェーズを如何に使うかが非常に重要だ。

まずじっくり自分に向き合い、自分とは何か、自分の好奇心とは何か、自分の保持しているスキル・能力はどんなものか、自分の今の価値観はどのようなものか、などを考える。対自活動ができる自由時間の獲得は大きなチャンスだ。大部分の時間を自分の好きなことに費やすことができる。リタイア後はいやおうなしに一人になる。孤独になる。一人の時間はとても貴重なフェーズである。さらに、自分の中の最重要活動は継続学習だ。継続学習を同時に行いながら対自活動で今後の思いを巡らすことになる。思いを巡らすモチベーションとしてはどのようなものがあるのか。例えば第2の人生の活動に対応出来るものを身につけたい。そのために必要とあらば資格取得や新しいものに挑戦する、自分の意欲を試みる。第1の人生で未実現であったことへのリベンジ、自分自身のライフワークの完成、豊かな人生を送る、趣味人生で暮らす、自然の中でゆっくり暮らすなど様々である。さらに対自活動の方法・フェーズとしては、大学・大学院入学や聴講、専門・専修学校入学、通信教育受講、メディアによる体系的学習、カルチャーセンター通学、DXスキル技術習得、専門知識・技能の学習、執筆・創作活動、テーマを決めての研究、音楽会や観劇・美術館巡り、読書三昧、趣味、スポーツ、テレビ・ラジオ、都会を離れ晴耕雨読で暮らすなどがある。

ここで言及している継続学習のイメージ・意味合いを説明する。継続学習とは文字通り、学生時代・就業時代の第1の人生の各フェーズ・局面でやり続けてきた学習であり、その結果多くの知見が蓄積される。その蓄積をベースに第2の人生ではさらにパワーアップして学習を継続し続けることである。また第2の人生の学習とは好奇心というモチベーションを大事にしたいので、それには学際的学習が望ましい。継続学習の一つの目標は、ディスカッション、ディベートスピリット溢れる交流、イノベーションの結果としての人的ネットワークや労働活動をイメージしているので、対自活動・継続学習の段階では、好奇心から指向される学際的学習がよりベターなのだ。マサチューセッツ工科大学（ＭＩＴ）の物理学者であるリチャード・ファインマン氏は新聞記者から物理学を研究する動機について聞かれ、こう答えている。「僕は物理学が好きなわけではなく、ただ知りたいだけなのだ」。僭越ながらこれを自分流にアレンジすると、「私にとって、学際的学習は単なるツールなのであり、ひたすら真実を知りたいだけなのだ」となる。

またこのプロセスを実行することにより学習の受け身性を排除できる。学習は個人の自発性が重要で、自分自身の好奇心の基に自分で学習対象物を見つけて調べたり考えたりする。そこから自分の考えを交流の場で発信する。つまり継続学習の根幹は知識・情報・知見のインプットをベースに発信・アウトプットをすることである。あくまで継続学習は受け身インプット+能動アウトプットの統合の意味合いで考えている。

また継続学習―交流―ディスカッションのプロセスは一方通行ではなく、再び対自活動・継続学習に戻ってくることもあり得る。巡回し反復することによりさらにイノベーションが現出しやすくなるのだ。この工程の中で重要なことがある。自分の今まで蓄積した知識・情報・知見には「もともと間違っていたこと」あるいは「現在社会では古くなって使い物にならないもの」などがままあり得ることだ。それらは継続学習、交流ディスカッションを通して排除するべきものだ。「刷り込みの打破」である。新たな発想・創造・イノベーションには現実・現状をじっくり冷静にリサーチ・分析・観察し、臆することなく果敢に自己批判を実行し、刷り込みの打破を試みるのである。ドイツの哲学者エマニュエル・カント氏は著作『純粋理性批判』で「批判」という言葉を使い、この言葉を重視している。私自身はこの「批判」という言葉を「吟味」という言葉に置き換えて理解している。「自己批判」という概念も「自分自身を冷静に謙虚に吟味しよう」と言い換えると日本語としては分かりやすくなるのではないか。ただしディスカッションも余りにも頑なに自説にこだわりすぎると人々の交流も不寛容になり、分断状況につながる。交流・ディスカッションとは、自分が如何に無知かを知るためのフェーズ、局面、居場所なのである。

昨今、学び直しという概念でリカレントとリスキリングという言葉が喧伝《けんでん》されている。両者ともに第1の人生の会社内で、社会情勢の変化に合わせた能力開発・働き方改革の一環の動きではあるが、リカレントは社員自らが自分の意思でスキルを身につけ学習するイメージで、リスキリングは会社が主導し社員に学習させるイメージである。

またリカレントの学習は幅広く学際的であり、第2の人生に向けての再学習の提案ということでもある。リカレントの英語はrecurrentで、「立ち戻って再び学習をする」の意味である。これを見ても、学生時代は就業時代に向かってひたすら学習をした、だが就業時代は仕事に関する現行学習はしたが、第2の人生への学習はしてこなかった。ところが長寿命化による人生100年時代の到来で、リカレントが注目されるのは、立ち戻って再び学習することが喫緊の課題になってしまった証しなのかもしれない。

リスキリングはメンバーシップ型の日本企業でも、社会状況の変化に対応するためにスキルアップの社内研修教育はしてきた。だが最近の急速なデジタルテクノロジーを駆使した、新たな企業価値の構築を目指すＤＸ（デジタルトランスフォーメーション）の進展により、一層注目を浴びてきたのである。

そこで第2の人生の継続学習においては、まずリカレントの学際的学習を実行し、交流、ディスカッション、イノベーションにより目指す職務・ＪＯＢが決定したらリスキリングでそのＪＯＢに応じた能力開発あるいは資格取得という段取りになるのである。

3. 人間は100歳まで成長することができる

対自活動とりわけ学際的継続学習でしこたまインプット・蓄積した考え方・知識・知見情報などは、人間の本能であろうか、あまたの友人の中から誰かに語り、他者

（友人）からの意見を聞きたくなるものだ。人は自分の脳細胞のわずか最大５％しか一生で使っていない。個人の考え・発想・創造力なんて知れているのだ。人は本能的にその弱点を直感し、他者との交流・ディスカッションを求めるのだろう。ハラリ氏は「我々の祖先ホモサピエンスがこの地球上で他動物（ホモネアンデルタール人も含め）より頂点で繁栄したのは虚構力、フィクション構築能力による」と言及している。虚構力は脳内思考を他者に伝え、考えを共有せしめる。そういった意味で人間はインプット・蓄積した意見を本能として他者に語りたくなる生き物なのであろう。

人生１００年時代の第２の人生の交流関係とはどのようなものか？　私はキャリア系の講義をしている時に、たびたび受講者にリタイア後の失うものを尋ねてみる。すると必ず、失うものとして会社の仲間との交流や人間関係のことが出てくる。第１の人生は組織を軸にした活動・生き方である。確かに組織を軸にした仲間・交流は喪失する。だが第２の人生は個を軸にした活動・生き方になるのである。その個を中心とした活動・生き方からは新しい友人がどんどん現れる。私は身をもってそれを体験している。私の第１の人生も文字通り組織を軸にした生き方が中心であった。だが50歳を機に交流の仕方に変化が生じた。変わった理由は単純である。時間管理からいって交流人数が自分の手に負えなくなったのだ。年を追うごとに新しく交流する人も増えるので人数がどんどん増えていった。そこで50歳を契機に交流の優先順位をつけることにした。組織を軸にした生き方の中で、無意識に個人を軸にした生き方指向感が芽生えたのである。第2の人生は個を中心とした生き方、個が輝く時代に入っていくわけで、自分の頭脳で考えて、自分の意思で決める時代を生きる。極端な言い方をすれば自己中心的な生き方でいいのではないか。

ただこの意味は、全て自分にとって都合の良い、耳障りの良い意見を言ってくれる人との交流を推奨しているのではない。多様性は重要だ。異なる考え方、反論など、交流ディスカッションでは必須要件である。私はキャリア仲間の研究会に毎月1回、10年間出席しているが、出席者は学歴・仕事歴・人生歴などそれぞれ違う。その研究会では、真に多種多彩な考え方が聴けて、私自身のFrame of Reference（枠組み）がより広がり、なおかつ柔軟になってきていることを実感している。

私の第2の人生における活動は、平日は職業キャリア、週末は非職業キャリア、土曜日は空手活動、日曜日はゴルフおよび継続学習会の交流マターが多い。ポイントは肉体的・精神的・社会的健康を増進するために肉体鍛錬・スポーツを欠かさないことである。

53歳で国際空手道連盟極真会館に入門した。これからは長寿命化が進み60歳以降も人生は長い。この時期に肉体鍛錬、精神鍛錬をして第2の人生に備えようとなんとなく感じていた。50歳を目前にした私の肉体は、積年のアフターワークの酒席交流で、しまった筋肉体型とは程遠い代物だった。職務・ルーティンワークは非常に興味深く、集中できていたが、定年退職後に何をやるかはまるで見通せず不安が頭をよぎっていた。学際的継続学習は学生時代から好奇心の赴くままに、本を乱読して継続していた。ただ目に見えぬストレスや鬱積したもやもやしたものを感じていた。このたまっていた自分でもよく分からないマグマのようなエネルギーの発露は学習だけでは限界があると感じるようになった。「健全な精神は健全な肉体に宿る」ではないが、もともと地球上の動物の体の進化をみると、ミミズのようにまず腸を中心にできる、脳からできるのではない。肉体が先、精神は後なのだ。肉体鍛錬を通して、精神力をもっと鍛えたい。そういう気持ちで空手道場に入門した。道場内に入る際に、体の前で両腕をクロスし、押忍と叫ぶ。この意味を道場師範から教示されたことがある。「社会・俗世間にはいろいろなことがあるでしょう。俗世間のあれやこれやを断ち切り、稽古にこれから集中するために、俗世間を切るという意味で、道場に入る際には腕をクロスして礼をするのです」。この言葉は私の気持ちを見抜かれた感もあったが、真に至言であり、22年後の今も、道場に入るときには押忍と叫び腕をクロスしている。

入門してみたら道場生の年齢構成は若く、中学生、高校生、大学生、社会人も20代・30代が中心であった。そこに50過ぎの中高年が入門申請に来たので、指導する先生もどうせ続かないと思ったのであろう、初回見学後、「気持ちが変わらないようでしたらまた来てください」と言われた。稽古を見学してみて、動きは速いし、極真空手はフルコンタクト制なので、防御装備なしで素手で突きあいけり合いをしていた。正直自分にこんなことができるかなあ、と思いつつ、しかしこの機会を逃したらもう一生できないと考え、道場側からは期待されていないであろう2回目の見学申請に勇気をもって参上し、入門させてもらえた。入門後11年目で黒帯初段を拝命し、今年で22年、極真空手継続中である。入門した時も圧倒的に道場最年長であったが、道場生の皆が平等に加齢していくので、現在まで22年間常に私が圧倒的最年長である。

大げさに言うと私は極真空手活動の中で、人生最大の自己効力感を感じた体験がある。それは黒帯昇段審査の日であった。昇段審査項目は、小論文筆記、基礎体力審査、基本技審査、移動技審査、型演武審査、組手審査（複数人と戦う）が行われる。全て終わり、ロッカールームで一人着替えて帰ろうとしている時に、突然師範代が現れ、「組手の突き、強かったですね。」と言われた。私は思わず「ありがとうございます」と答えたが、心は無条件のうれしさであふれた。彼は極真空手世界大会を制した元世界チャンピオンである。この世界は戦いに勝つこと、強いことが全ての正義である。言葉にお世辞はまずない。わざわざロッカールームまで来て、極真空手ではあまり見かけない64歳のシニアを評価してくれたのだ。私の今までのキャリアで様々な喜怒哀楽を伴う失敗や、成功を通した多少の達成感を感じた時もあった。ただその時の自己効力感とは何か違ったのだ。おそらくある面、激しく苦しい組手は、この地球上に生まれたままの、何も持ち合わせていない、一人の裸のホモサピエンスが、素のいち人間、いち動物そのものの状態で動き、活動し、勝利に向かって、精一杯戦っている。すなわちE＝エネルギー＝活動＝散逸駆動適応、パフォーマンスなのだ。ファールカップのみ付け、他は無防備、道着の下は裸である。この世に生まれたまま、その後に身につけたあてがいぶちの装飾物は何もないのだ。本源的には肉体的に必ずしも強者とは言えないホモサピエンスの一人である私、真実の自分そのものに対しての師範代の励ましは、私の全身が率直に受容した感じであったのだ。

肉体的健康、精神的健康、社会的健康を保つためにはスポーツ・運動が必須になる。22年間極真空手をやってきた実感は、運動は自分が思っているよりももっと負荷をかけた方が良いということだ。個々人の状態、指向、考え方、気持ちは様々ではあるが、ステレオタイプ的に、あの年齢であの運動は無理だ、筋力はもうつかないとかあまり一般論に振り回されない方がよい。ホモサピエンスの肉体は自分が思っているより強いのかもしれない。

ここでの交流は私にとっては文字通り個を軸にした活動である。第2の人生を歩んでいる私にとって普段あまり遭遇しない年齢の人々である。稽古後に中学生、高校生、大学生と話をすると斬新な今の情報が得られる。学校生活、受験制度、クラブ活動、塾の実体、将来の考えなど、現状の学校の姿や彼らの思いが伝わってくる。本当に貴重な体験である。

また社会人道場生の方たちは業種も職種も多様多彩。このゾーンの方たちは私の仕事の一つであるキャリア系講義ともかなりかぶる部分が多いので、交流を通しての多種多様な情報は私のframe of referenceを広げてもらえ、講義内容を作成しているときの貴重なリソースになっている。社会人道場生の方とは忘年会など、適宜酒席での交流もあるので、より談論は幅広く面白くなる。

また空手道場には一般部の他に少年部がある。年齢範囲は６歳（幼稚園年長組）から12歳（小学６年生）。とある土曜日の午後、私は空手少年部の指導日であった。稽古が終了し全員で整理運動をしたあと正座させ、黙想に入った。黙想中に腹式呼吸をさせるため「おなかをいっぱい膨らませて深く大きくゆっくり呼吸しなさい！」と言った。その後、全員で道場の掃除が終わり、帰り支度をしているときである。一人の少年（6歳）が私のところにやってきて、私の顔を見上げ、「先輩！　呼吸は肺でするんだよう！」と言った。私は一瞬戸惑ったが、笑顔で「君は正しい！　呼吸は肺でするんだ」と返答した。少年はにこっと笑ってはにかみながら帰っていった。

これには後日談がある。1週間後道場に少年のお母さまが来て、「この前は子供が有難うございました」と感謝の言葉を言われた。少年が帰宅後家族の夕食時、呼吸の話をしたらしい。それを聞いてご両親は「いい先生でよかったね」と家族でもりあがったらしい。どうやら、このお母さまの来場目的は、子供の指摘を屁理屈と思わず率直に認めて訂正した態度に感謝を伝えたいという意であったらしい。実は私は少年の指摘に冷や汗ものだった。正確には「おなかを意識することにより肺にたくさん酸素が入りいい呼吸ができる」と説明すべきだった。正座している少年たちは私の言うことを一生懸命聞いているのだ。この経験は私の講師、キャリアカウンセラーの仕事に対しても大きな反省・示唆を与えてくれた。少年、ご家族には今でも感謝している。ふと、私の敬愛するアルバート・アインシュタイン氏の言葉を思い出した。「6歳の子供に説明できなければ自分が理解したとは言えない」If you can't explain it to a six year old, you don't understand it yourself.

また、私のゴルフライフの真の充実感、興味深さ、爽快感は第2の人生から始まった。

週末に一人で行き、そこでゴルフ場スタッフの組み合わせに従い1日プレーをするのが私のゴルフスタイルである。一組4人で、当然初対面の方になる。これが素晴しい1日の始まりなのだ。最初の1ホールはお互いにゴルフのスキル具合を探り合い、やや寡黙なスタートになる。ただゴルフのステージは広大な青空、緑にあふれた野山だ。1ホール1000mほど歩いた後には、がらっと人々の精神状況は変わるのだ。お互い多少の緊張感も解け、個性あふれるスウィングのフォームも見せ合い、素の自分が現れてくるのだ。こうなれば2ホール目から18ホールまでリラックスして楽しいトークを皆でしながら終日プレーができる。私の経験ではこの流れのパターンがほとんど外れたことがない。初めて会った人々である。当然今までのキャリア（現在の仕事、状況、学歴、職歴、経験など）は様々である。それが何故か大自然の中でプレーをしている環境では、忌憚のないトークが自然にできるのである。もしかするとこのように一人でふらっとゴルフ場に来る人は、無意識にそういった交流を求めているのかもしれない。もともとゴルフとはカントリークラブであり、シティジャングルと違い、このような交流がやりやすい所なのであろう。まさに個を中心とした、第2の人生の醍醐味かもしれない。

このゴルフの交流に関しては不思議な感覚を覚える体験がある。もちろんゴルフをしているのだからプレーがまずコアである。トークはゴルフの話題がコアである。しかしトークの話題はどのようなテーマでも全員自然に参画できるのだ。例えば、時事、趣味、経済、本、世界情勢・政治、科学だけでなく、仕事、キャリア、生き方など、初対面の人と急に話題には出せないような内容でもOKなのだ。もちろん、全員が同調するとは限らない。それはトークのときのお互いの感覚、漂う空気感で分かる。そのときはその話題はやめるべきである。ここも第2の人生の心得であるプレイングマネージャー（人間観察スキルと自己コントロール）の立ち居振る舞いが要諦なのである。

ゴルフの交流をしている方々は幅が広い。多様な職歴、履歴、人生経験者だ。年代は40代から80代の方たちになる。極真空手の場合は、幼稚園児から50代の方たちなので、ちょうどその上でつながっている。

このように私の交流の年代は、キャリア系研究会まで含めると90代まで広がっている。すなわち交流は年齢に関係なく個々人のキャラクターでお付き合いをするということである。私は人生１００年時代の第２の人生が年齢に関係なく、個を軸にした、個が輝く人生であることをこれらの様々な交流を通して実感している。

次に交流からディスカッション・ディベート、さらにイノベーションへの展開であるが、これはその時のメンバーや状況によって、多種多様なパターンがあり一概には言えない。なにも交流の目的はディスカッションが全てとは考えていない。単なる雑談も楽しいし、有意義である。ただ交流からディスカッションへの流れに特化して言えば、私の理想とする交流や話し合いのキーワードは次のように考えている。

1．エンカウンター
2．ディベートスピリット

3．ディスカッション

エンカウンターとは、本音と本音で話をすることだ。そのためには傾聴＝相手の発言をしっかり聴くこと、自分の考え、価値観を自己開示しつつ自己主張すること、である。ディベートはイメージとして相手を論破することや、自分の発言や考えが明らかに違っていると自分で気がついても頑として受け入れないなどのデメリット部分もある。この自分の考えを変えない部分は、私は肯定しない。ディベートの情熱、真剣さ、盛り上がり、この部分は歓迎である。この部分を私はディベートスピリット（精神）と表現している。

まとめるとこうなる。私の理想とする交流活動は、エンカウンター方式で交流議論に臨み、ディベートスピリットあふれるディスカッションを行うことである。

次に交流・ディスカッションからイノベーションへの転移プロセスの話に入る。通常イノベーションの解釈は新結合と定義される。情熱的なディスカッション・ディベートによりお互いの参加者の頭脳の中に全く新しい概念が創発される。例えば、科学面においては画期的な新創造物の出現、マネジメント面においては全く新しい組み合わせによる新価値の出現だ。しかし人生１００年時代の第2の人生では交流・ディスカッションからイノベーションへの転移内容にはさらにもう一つのメリットが生じるのだ。交流・ディスカッションを通して、各人の頭脳がインスパイアーされ新知見も確かに起こる。ただそれ以上に大きいのはその交流から得られる新人脈の構築である。

スタンフォード大学教授のマーク・グラノヴェッター氏が１９７０年に行った調査によると（２８２人のホワイトカラー無作為抽出、論文発表は１９７３年）、現在の職業を得た手段、ルートは、よく知っている人からよりも、つながりの薄い人から聞いた方法、情報の方が多かった。これは「よく知っている人」同士は同一の情報を共有することが多く、そこから新しい情報が得られる可能性は少ないが、「あまり知らない人」は自分の知らない新情報をもたらしてくれる可能性が高いからだと考えられた。この「あまり知らない間柄」を「弱い紐帯」、「よく知っている間柄」を「強い紐帯」と呼んで、「あまり知らない間柄」から派生するメリットを「弱い紐帯の強み」、「よく知っている間柄」から派生するデメリットを「強い紐帯の弱み」と意味づけた。あてがいぶちもあり、途轍もある組織を軸にした生き方の第1の人生は、よく知っている間柄の強い紐帯時代である。ところがあてがいぶちのない、途轍もない、個人を軸にした生き方の第2の人生は、あまり知らない間柄の弱い紐帯の時代なのである。現代社会の変化の激しさをＶＵＣＡ（変動、不確実、複雑、曖昧）時代とか言っているが、このような状況はホモサピエンスが誕生した20万年前から続いているのだ。人生１００年時代の第２の人生は、激しい変化状況ＶＵＣＡ程度ではなく、人類始まって以来の全く新しい世界なのである。第２の人生のディベートスピリットあふれる交流から派生する新人脈により、予期しない出会いがあり、知らなかった新しい情報や新知見が、多元的で多様でかつ異質な「弱い紐帯ネットワーク」から得られ、キャリア開発のチャンスを広げ、いわゆるイノベーションが起こり、新職業に結びつくことが可能になるのだ。

第２の人生の新人脈の考え方は、一つはタテ社会から解放されたヨコ社会の多種多彩な人間関係を作ること。まるで予期していなかった出会いが、自分の将来キャリア

＝将来行動・活動に多大な好影響、そしてエヴァンゲリオン（良い知らせ）をもたらすのだ。またタテ社会から解放された多彩な交流からは、今まで自分が知らなかった世界、仕組み、仕事やＪＯＢなど、最新の知見・情報を含めて、多種多彩な刺激、およびインスパイアのインフラがもたらされる。

二つ目は、同質の人脈のタテ社会では難しかった職務、ＪＯＢを超えた人脈交流が出来る、というより必然的に多種多彩な職務履歴者の集まりになってしまうのだ。この交流・ディスカッション、場合によってはディベートから得られる労働をコアにしたキャリアデザインへのインスパイアの恩恵ははかり知れない。自己イノベーションという、文字通り「弱い紐帯の強み」人脈から得られる果実だ。

三つ目は、孤独から派生する継続学習、自己頭脳へのインプットだ。継続学習―交流―ディベート―イノベーションの構図の最終目標のキャリアビジョンを夢見るならば、場合によってはこの構図を繰り返し、反復、元に戻ることだ。この構図は一方通行ではない。良好な循環・リサイクリングをして精度を高めることも重要だ。つまり夢見るキャリアビジョンを実現するには、基本である継続学習に戻り、より深く勉強をし、自分自身の構え・マインドセットをキャリアビジョンサイドが好むように、自分自身のスタンスをそこに仕向けるのだ。フランスのルイ・パスツール氏（19世紀狂犬病ワクチンを開発した生化学細菌学者）が言うように「幸運は用意された心のみに宿る」のだ。また自分自身を、キャリアビジョンにとって素晴らしく魅力的であるように、キャリア開発し、交流など、積極的能動的な立ち居振る舞いを実行するのだ。スタンフォード大学のジョン・クルンボルツ氏はいみじくも『計画された偶発性理論～Planned Happenstance Theory』で語っている。「私は今まで数多くの転職をしてきた。ただ今の仕事を含め、偶然にたどり着いている感じだ。人は常に学習努力を継続して、自分の夢を意識していれば、偶然に回ってきた、あるいは現れてきたチャンスに気づくことができ、掴めるのだ」

リタイア後の第2の人生を考えたときに、3種類の不安要素がよく言われている。

1．孤独

2. 貧困
3. 病気

これらはみなリタイア前、組織を軸にした生き方の会社生活では通常あまり考えない項目である。リタイア後に一気にこれらの不安心理が頭をもたげてくるのはひとことで言えばリタイアで失うもの「喪失」という環境状況変化である。

1. 会社というある面の「居場所の喪失」：孤独不安
2. 仕事を辞めたことによる「収入の喪失」：貧困不安
3. 規則正しい生活の終焉から起こり得る「健康の喪失」：病気不安

このリタイア後の「喪失」は事実だ。しかしこの「喪失」は悲観的なことのみであろうか？　喪失により得られるものもあるはずだ。人生１００年時代の定年退職時は人類始まって以来の大転機なのだ。これほどの大転換期にたまたま我々の人生が出くわしていたことは私自身は非常に幸運と思っている。人類は長い間マックス50年間の第1の人生しかなかった。我々は初めて人生100年時代のもう一つの第2の人生という50年間を獲得したのである。しかしながら我々の経験値、意識、発想などはその50年間で綿々と培ってきたものしかない。親・社会からの伝承、教育あるいは遺伝的要素、それらからなる先入観、刷り込み、思い込み等、ある面では当然である。我々の思考、発想などはハラリ氏の言う、未だ「アフリカサバンナ仕様」なのだ。

このコチコチに固まっている50年発想仕様を100年発想仕様に変換するにはどうしたらいいのか？　少なくともあてがいぶちの世界が定年退職で終わり、あとは老後というあてがいぶちのない世界がなんとなく続くだけ、と考えるのであろうか。その時点で発想転換は難しい。

人生100年時代の第2の人生を如何に生きるか？　ホモサピエンス20万年で初の体験をする革命的な21世紀の我々の画期的発想転換とは？などを考えているときに、以前観た映画「インディペンデンスデイ」を思い出した。宇宙からのエイリアンの攻撃で地球存亡の危機に際し、自らも出撃し、戦闘員を鼓舞する米国大統領の印象的な演説だ。
今から一時間後、我々は生き延びるために再び立ち上がる。
我々は、座して死ぬことを選択しない。
我々は、挑戦せずに絶滅はしない。
我々は必ず生き続ける。
諸君！　今日こそ、誇りある我々地球人類にとっての、真の独立記念日なのだ。

人生100年時代はなんとなくながながと続く一つの人生ではない。あてがいぶちのある人生とあてがいぶちのない人生の二つの人生で構成されると考えるべきだ。途轍もある世界と途轍もない世界の二つの世界で構成されると考えるべきだ。この発想にたてば第1の人生と第2の人生の境界時点、転機時点において、気持ちの切り替えを考察する気構えや覚悟などが違ってくる。第1の人生の継続感および後ろ髪を引かれるような引きずり感、固執感は払しょくする。すなわち定年退職日の居場所の喪失、収入の喪失、健康の喪失という不安感、リスクがあるからこそ新たな第2の人生へ向かってのマインドセット、モチベーションアップが湧き上がってくるはずだ。我々現代のホモサピエンスは、あてがいぶちのない世界、途轍もない世界を恐れはしない。100歳まで、じっと何もしないで生きるつもりはない。定年退職日は、あとはなんとなく老後が待っているのみと決めつけ、ソフトランディング思考で、飛行機の機首を下に向け、自分の頭も下に下げるのか？　そうではない、これからは老後という概念はない、と気持ちを切り替え、テイクオフマインドで機首を再び大空に向け、顔・頭を上げ、第2の人生に飛び立つ決断をする日だ。我々は古代から「我々人間はいったい何者なのか？」「我々人間は何をなすべきなのか？」をずっと考えてきた。アインシュタイン氏の慧眼によりE＝MC2乗が発見され、人間とは活動する粒子であり、活動することにこそ我々人間の意義があることが推察される。我々現代のホモサピエンスは、生まれて初めて自分の自由意志、自己価値観でキャリア自律を成し遂げ、歩き始める。人生100年時代における第2の人生へのスタート日は、組織を軸にした生き方から個を軸にした生き方へ脱出する、独立記念日なのだ。

見方を変えれば、「喪失」という事実経験は第2の人生へ向かっての必要条件であると私は考えている。例えばコップに水があふれんばかりの満杯状態では新たな水を入れようと思っても入らない。思いきって水を全部こぼしコップを空にしてみる。そうすると新しい水がどんどん入ってくる、入れることができる。そして新しい情報知見という水であふれたコップに変貌するのだ。

似たような状況はキャリアの棚卸を行うときにも起こる。キャリアの棚卸とは第1の人生が終了したときに自分の過去の活動を分析、研究をすることだ。私もリタイア時にやってみた。この過去の振り返り・分析の目指すところは何であろうか？　分析を通して自分の好奇心、スキル、強みを見つけ出し、その延長線上にある活動＝仕事を発見することであろうか？　確かにそれも一理はある。しかし第2の人生は過去の第1の人生を繰り返すことではない。むしろ過去からの、第1の人生からの脱却こそに意味がある。過去から解放されるためにキャリアの棚卸はあるのだ。第1の人生で経験してきた失敗、蹉跌、悔しい思いなどを分析、研究、振り返る。その中から如何に自己の先入観、刷り込みがあったかを批判・吟味し、その考察や知見を如何に第2

の人生で活かせるかを考えることにキャリアの棚卸の意義があるのだ。キャリアの棚卸の目的は過去を繰り返すためにあるのではなく、自己を押さえつける過去の手から逃れ解放され脱出することにある。そしてなかなか湧いてこない自らの新しい生き方、活動、仕事の可能性に気づくように自らを仕向けるためにあるのだ。キャリアの棚卸のなかに自分の先入観、刷り込み、思い込みなどの吟味を取り入れることは非常に大切だ。それはその要素を入れた吟味により、考察内容の幅が広がり、多様性が増し、Frame of Referenceが大きくなり、第2の人生へ向かっての選択肢が広がる。

第2の人生へ向かっての新しいビジョンを考えだすのはそんなに容易ではないかもしれない。何故なら我々の思考や行動は大抵現在の思想や社会制度の制約を受けているからだ。誕生してからの、あらゆる読書、継続学習、社会常識、社会制度などの中から間違いなく誤謬の先入観、刷り込み、思い込みが醸成されてしまうのだ。我々は第1の人生に縛られることは避けられないが、少しでも自由に、Frame of Referenceを広げる方が、広げないよりも優る。第1の人生のキャリアの棚卸を単純な振り返りで自分の視野を狭めるのでなく、先入観、刷り込み打破の「批判・吟味」思考を取り入れて、是非視野を広げていただきたい。第2の人生へ向かってのビジョン発想をマクロに広げ、様々な選択肢に気づくのがベターだ。

私は第1の人生でいくつもの青春の蹉跌、中年の蹉跌を味わっている。その一つが「無から有は生じない」という私の先入観、刷り込み思考であった。後で分かったことだが、「無から有は生じる」のだ。真空は無と思っていたが量子力学的には無ではなく、電子と陽電子の粒子、反粒子が対生成、対消滅を繰り返し存在している。私の青春の蹉跌は「無から有は生じない」思考であきらめたことによる。その結果、私の行動、活動は迷った。この原因は私自身の「先入観、刷り込み打破」の思考がなかったことによる。しかしこの反省経験は、リベンジ、レジリエンス概念のきっかけになり、第2の人生へ向かってのビジョン形成に大いに役立っている。

4. 求められるのは、価値観の再構築

長寿命化により人類が経験したことのない長い人生が到来することになった。その

人生100年時代を生き抜いていくコアな思考・考え方は何であろうか？　それは個々人一人一人の価値観だ。この価値観は人生100年時代、第1の人生、第2の人生を通しての共通のコア理念である。ただ第2の人生は第1の人生と違い、途轍もない、あてがいぶちのない世界である。当然この人生初体験のミストのかかった世界を歩いていくにはコンパス・羅針盤が必携だ。それこそが「価値観」という名の第2の人生を生きていく際の羅針盤なのだ。

よく青春のモラトリアムというが私は断じてモラトリアム状態ではなかった。ただキャリアビジョンが分からずそのロードマップも見えず、自分を見失った五里霧中状態、迷った青春の蹉跌であった。これは今から思えば価値観という羅針盤の発想を持ち合わせていない状態であったのだ。キャリアデベロップメント（キャリア開発）という言葉にも無知であった。キャリアデベロップメントのキャリアは活動、デベロップメントは花の蕾の開花の意味で、言い換えれば、まだ開いていない自分の潜在的な志・資質・思考を開いてあげることだ。つまりもともと持っている自分の潜在的な活動や思考を顕在化させることだ。キャリアデベロップメントは現在の自分の「潜在的活動思考」をこれからの「顕在的活動思考化」に自分自身を運んでいく、ブラッシュアップしていくという意味である。ところが、私はキャリア・ベロップメント（キャリア未開発）に陥り、新たな活動が明らかにできない状態になり活動非顕在化状態になっていた。私は新たな活動思考を潜在化させたまま、結局未実現のまま青春をさまよい、青春の蹉跌という苦い経験を味わった。

この原因としては「無から有は生じない」というそれまでの私の先入観、思い入れ・刷り込みがあった。その後「無から有は生じる」、無に見える真空状態にも電子・陽電子という素粒子は存在していることが分かったが、その当時は知らなかった。私は「無から有は生じない」という自分の勝手な非合理的な思い込み（イラショナルビリーフ）に囚われていたのだ。米国の臨床心理学者であるアルバート・エリス氏が『論理療法（Rational emotive therapy）』で述べているコアメッセージ、非合理的信念の思い入れ、刷り込みに私は責任を押し付け、自分自身は動かなかった。行動不足、活動不足人間であったのだ。「無から有は生じる」ので、何も取りえのない無の自分でも、それを信じて情報収集、メンター探し、ディベートの活動をすべきであったのだ。無という言葉を何もない状態と決めつけていたのだ。無を未知と考えられたらなと思う。未知という言葉なら、希望と好奇心が感じられる。

実際このイラショナルビリーフにはそれまでに私の頭脳にインプットされた、書物、歴史、文化、社会、交流、慣習、仏教、儒教、神道、キリスト教など、あらゆる情報からの受け売りがリソースになっている。受け売りは重要である。ただそこから十分に自分自身で吟味し、先入観、思い込み、刷り込みを省き、自分独自の合理的信念（ラショナルビリーフ）を確立することが、自己の価値観構築につながるのだ。価値観を深くじっくり考えることは、自己のイラショナルビリーフとの長い戦いということでもある。

また、理論物理学者のアルバート・アインシュタイン氏もこのように語っている。「常識とは18歳までに身につけた偏見のコレクションのことをいう」。まさに「無から有は生じない」という信念、常識は18歳までに私が身につけた偏見のコレクションの一つであったのだ。

価値観という言葉は日常普通に使われる。しかし、何か抽象的で少し曖昧さのある言葉のようにも感じられる。一般的には「物事の価値についての考え方」であり、平たく言えば「物事の考え方」、さらに言えば「物の見方」という意味になる。英語でも「SENSE OF VALUES」と表記し、SENSE＝感覚というニュアンスが入っている。「価値観」という言葉の中身は、「知能」と「意識」の二つの部分で構成されている。

○知能
・問題を解決する能力
・アルゴリズム
・意志
・西洋哲学的

○意識
・喜怒哀楽を感じる能力
・形而上的

・感情、感覚、情動
・東洋哲学的

こう見ると、価値観を構成する知能と意識は完全に別概念だ。ただ、この価値観を構成する別概念の知能と意識は切っても切れない不可分の関係にある。ここで私が強調したいのは、この両機能を持って価値観などを考察できるのは我々人間だけだということである。ＡＩ＝Artificial Intelligènce＝人工知能の能力ゾーンは文字通り知能分野のみである。ＡＣ＝Artificial Consciousness＝人工意識は現在のところまだ未開発だ。この素晴らしい両機能を持ち、価値観などを思索できる我々人間はなんて幸運なのかと思う。確かにＡＩはインプットされた大量の情報の計算速度能力は人間の比ではない。だがＡＩのアルゴリズムが意識を持つことはできないのだ。アルゴリズムとは、やり方、手法、プロセス、段取り、シナリオ、筋道などの意味である。私の現在のアルゴリズムは人生１００年時代、とりわけ第２の人生のアルゴリズム＝生き方を考えることだ。例えば「人は如何に生くべきか?」など、形而上学的哲学的命題を、今考えられる最大のマクロ観、今発見されている最新の科学的知見で実証し明らかにすることだ。人生の生きがいとは、自分にとっての最高の生き方＝アルゴリズムを考えることにより、その結果として感じるものだ。そのためには、現在考えられる最大スケールのマクロ観、宇宙物理法則から全体最適を考察し、第2の人生のキャリアビジョン、活動の目標を決めることが重要だ。

知能とは「問題を解決する能力」であり、表現を変えれば「課題解決能力」である。能力は何かを行うための力であり、アルゴリズムは合理的論理的な段取り・プロセス・プログラムである。すなわち知能とは「合理的なプロセスを行う力」のことである。

意識は「喜怒哀楽を感じる能力」であり「感覚能力」である。フランスの哲学者アラン氏が「悲観主義は気分によるものであり、楽観主義は意志によるものである」と言うように意識は感情・気分を誘発し、気分は悲観に結びつきやすい。一方、知能は意志を誘発し、意志は楽観に結びつきやすい。第2の人生転機時は、途轍もない世界の入り口に立っている。将来の見通しがまるで不明。人間は不明、分からないことに対しては不安になる。そのときに心に最初に湧き上がることは感情、感覚ゾーンの気分的、悲観的なものになりがちだ。最初はどうしても感情・気分に支配されがちだ。しかしここで、気持ちの切り替え、気持ちのシャッフル、マインドセットをして、意識から知能のゾーンに向かうことが大切である。ここ一番、「問題を解決する能力」ゾーンへ気持ちを転換し、新たなアルゴリズムすなわち「合理的論理的な段取り・プロセス・プログラム」構築へ向かうのだ。

我々動物の地球上における身体の進化をみると最初に消化器官の腸ができて、脳はずっと後に作られている。「肉体が先、脳は後」なのであり「健全な精神は健全な肉体に宿る」という如く、精神は後発である。第2の人生の転機時も「意識が先、知能は後」「感情が先、問題解決は後」「主観的要素が先、客観的要素は後」なのだ。その歴史的転換期に立ちすくんでいる我々は、未知のミストがかかった世界を前にして、感情的になるのは至極当然だ。ただそこで終わってしまっては、聡明な猿、ホモサピエンスの名に恥じる。最初はこの意識、感情に陥るのは自然。だが次の「知能、問題を解決する能力」のゾーンに向かうことこそ、価値観の本来の意味を認識した行動である。「意識感情が先、知能問題解決は後」「主観が先、客観は後」「悲観は気分、楽観は意志」、この傾向を認識しつつ、知能のゾーンに向かうことが大切である。

価値観を考えるときに我々の頭脳に生まれてから時々刻々インプットされてきた様々な人類の知見は次のようになる。

○代表的な知見

哲学（西洋・東洋）と宗教と思想

○代表的知見の共通点

物事の本質を考え真理を追究する

○代表的知見の相違点

・哲学：自分で考える、実存主義、自分の価値観→どうなるか？ではなくどうするか？

西洋哲学：価値や存在の根拠には合理性論理的思考が必要。人生の自己判断基準～Frame of Reference重視

東洋哲学：土地に結びついた生き方、実際の生き方、精神性価値観に基づき真理を提示。納得感、腹落ち感、感覚的理解～性質的に思想に近い

・宗教：神（他者）を信じ言われたままにする。他者の価値観。神、教祖（超越者）が価値、存在の根拠である

・思想：価値や存在の根拠を必ずしも問われない

東西哲学を見ると、西洋哲学が理論的、知能的に見え、東洋哲学が感覚的、意識的に見える。しかし両者ともに物事の本質を考え真理を追究するのは同じである。どちらも知能、意識両面を持ち、比率の違いだけである。１３８億年のマクロスケールから見たらどちらも一緒だ。重要なことは価値観とは自分の頭脳で考えることにある。

一般的に言われている価値観の定義とは以下のようなものがある。

1. 自分が追究したいもの、何か惹きつけられるもの⇓フィット感
2. 自分にとっての幸せ感（生きがい感）⇓自分が活かされている
3. やる気の源泉、動機⇓「意味」、「役立ち」の実感
4. 人生で最も大切にしている自分の判断基準

1、2、3番は東洋哲学的、やや意識的、感覚的と言える。4番は西洋哲学的、やや知能的、問題解決的となる。これ以外にも個々人によって様々な価値観の定義はあると思う。価値観とは自分自身でしか考えられない、自分事である。人生100年時代の第2の人生に臨む大転機には、まず最初の意識・感覚ゾーンを受け止め整理する、その後知能、問題解決に向かうときにまず行うべきは、自分自身の価値観の振り返り、棚卸になる。第1の人生と第2の人生のキャリアの違いを自己認識するためだ。仕事、収入、健康、家庭、趣味、地域交流、友人関係、継続学習等、これまで重視し

てきたこと、これから重視したいことを確認し、知能、問題解決ゾーンに入りたい。具体的には勝利の黄金プロセスだ。孤独・継続学習―交流・ディスカッション・ディベートスピリット―イノベーション実現である。

第3章の要約

1. 時間を忘れて打ち込めるものがあれば、孤独は恐くない
定年後は知的好奇心を満たす本当の学習ができる

2. 60歳以降は、第１の人生の蓄積をベースに、学習を続けるべき
学習が能力開発や資格取得につながる

3. 組織に縛られない「弱い紐帯ネットワーク」がキャリア開発のチャンスを広げる
リタイア後の喪失感が、第２の人生のモチベーションを生み出す

4. 価値観は第２の人生の羅針盤になる
価値観は、「知能」と「意識」で構成されている

あとがき

「考える」より「感じる」ことで、人生はもっと輝く

これまで、如何に新たな自分の活動、役割を明確に得られるか、その活動、役割すなわち生きがい、意義、ミッションが抽象的ではなく全体最適に裏付けされている実証性があるかどうか。この両者がみたされれば人生１００年時代の生き方、とりわけ第２の人生の生き方の方向性は見えてくると言及してきた。

実証・検証を試みる際に、現在の最大の全体最適観は宇宙１３８億年のマクロスケールである。このマクロスケールから、Ｅ＝ＭＣ２乗、エントロピーの法則、散逸、散逸駆動適応、目標指向的など、現在の最先端の宇宙物理理論の知見で人生１００年時代の生き方の実証をしてきた。また継続学習から派生するイノベーションへのメカニズムにより、第２の人生の新たな活動、役割を得るプロセスを示した。対

自活動、継続学習、インプット蓄積、交流、アウトプット発信、ディベートスピリットあふれるディスカッション、イノベーション、ヒューマンネットワークなどの各プロセスを行きつ戻りつ何回も繰り返し、新たな活動、役割、就業を獲得するのである。

カンフー映画『燃えよドラゴン』でブルース・リーが少年に空手を教える場面で「Don't think, feel !（考えるな、感じろ！）」という名セリフがある。このことを私の極真空手稽古を通して考えるならこうなる。考えることはとても重要だ。考えることは空手で言えば稽古である。稽古は日々何回も何回も同じ動き、技を繰り返し練習することである。その稽古中にはよりうまくなるために工夫、考え、頭脳も使うのである。その厳しい稽古を経て組手の大会の戦いにおいては考えすぎて動きが遅くなる前に、自分のあまたの稽古鍛錬を信じて、自然な感性、感覚で戦えと教えているのではないかと解釈している。武道に伝わる「守破離」も「守」で繰り返しの基本稽古、「破」で工夫、自分の独自性も芽生え、「離」でもって自然な自分の感覚、感性での飛翔というふうになる。

考えることも感じることも両方重要である。価値観を考える際に前述した大転機のような状況ではどうしても感じるという意識ゾーンが先に来る。しかし知能ゾーンに向かい様々な思索、戦略を練り、試行錯誤を繰り返しキャリアビジョンを考える。そして自己のキャリアビジョンを決定する際には、感覚的な意識ゾーンで最終決断をするようになる。

継続学習から派生するイノベーションへのメカニズムはディベートスピリットあふれる交流を通して個人の頭脳の中に創発が生まれる。創発とはemergenceと書き、Eは外に、mergenceは現れるという意味で、頭のなかに素晴らしい考えが現れることである。価値観の一要素である意識現象が、それを構成する粒子にはない性質を持ち、予測を超えた構造変化や想像が誘発されることになる。

それにより、個人の価値観もさらに深まり進化していく。その先にはイノベーション、ヒューマンネットワークを通じて、新たな活動、役割を目指し、就業を獲得することができるのである。すなわちこのメカニズムを理解しつつ自分の価値観という羅針盤を携えて第2の人生を開拓していく、これこそが人類誕生して以来初めて体験する人生100年時代の生き方ではないだろうか。

最終決断に深く関わるのは、感性と感覚、FEEL
継続学習と知的な交流が、価値観を進化させる

著者紹介
浅見徹（あさみ　とおる）
1949年生まれ
早稲田大学政治経済学部卒業
大手企業（金融系、IT系等）等のキャリアマネジメント講師、
また外国人日本人双方の就労支援に従事。
プライベートは空手等スポーツを中心に多方面の交流をしている。

人生《じんせい》100年《ねん》　新時代《しんじだい》の生《い》き方論《かたろん》

2023年10月18日　第1刷発行

著　者　　浅見徹
発行人　　久保田貴幸

発行元　　株式会社 幻冬舎メディアコンサルティング
〒151-0051　東京都渋谷区千駄ヶ谷4-9-7
電話　03-5411-6440（編集）

発売元　　株式会社 幻冬舎
〒151-0051　東京都渋谷区千駄ヶ谷4-9-7
電話　03-5411-6222（営業）

印刷・製本　中央精版印刷株式会社
装　丁　　秋庭祐貴

検印廃止

ISBN 978-4-344-94606-4 C0095
幻冬舎メディアコンサルティングＨＰ
https://www.gentosha-mc.com/